5岁前的工作
让孩子爱上自己动手的蒙台梭利家庭实践法

[日] 丘山亚未 —— 著　　王 祝 —— 译

河北科学技术出版社

·石家庄·

KODOMONO SAINOUWO NOBASU5SAIMADENOMAHOUNO"OSHIGOTO"
by Ami Okayama
Copyright(C) ©Ami Okayama 2022
All rights reserved.
Originally published in Japan by SEISHUN PUBLISHING CO., LTD., Tokyo.
translation rights arranged with
SEISHUN PUBLISHING CO., LTD., Japan.
Through LeMon Three Agency (Shanghai Moshan Liuyun Cultural and Art Co.,Ltd)

版权登记号：03-2023-150

图书在版编目（CIP）数据

5岁前的工作 /（日）丘山亚未著；王祝译 . -- 石家庄：河北科学技术出版社，2023.8
　ISBN 978-7-5717-1664-6

Ⅰ . ① 5… Ⅱ . ①丘… ②王… Ⅲ . ①幼儿教育 - 家庭教育 Ⅳ . ① G781

中国国家版本馆 CIP 数据核字 (2023) 第 130938 号

5 岁前的工作
5 SUI QIAN DE GONGZUO　　[日]丘山亚未　著　王　祝　译

责任编辑：李　虎	经　销：全国新华书店
责任校对：徐艳硕	开　本：880mm×1230mm　1/32
美术编辑：张　帆	印　张：7
排版设计：任尚洁 / 装帧设计：青空阿鬼	字　数：117 千字
出　　版：河北科学技术出版社	版　次：2023 年 8 月第 1 版
地　　址：石家庄市友谊北大街 330 号（邮编：050061）	印　次：2023 年 8 月第 1 次印刷
印　　刷：天津联城印刷有限公司	定　价：58.00 元

版权所有　侵权必究
如发现图书印装质量问题，请与我们联系免费调换。客服电话：010-56421544

前言

这本书接下来将向大家施展"工作的魔法",
25,000 对亲子由此改变

在育儿时,你是否有过这些烦恼:

"我家孩子和别人家的孩子比起来真是笨手笨脚的,我看着就心烦。"

"我想让孩子学会独立自主,可孩子不愿意自己一个人做,这是为什么?"

"我家孩子这么静不下心来,也集中不了注意力,这不会都是我的错吧?"

如果正在阅读这本书的你也有上面这些烦恼,**何不试着给孩子安排一些"工作"呢?这种"工作"可以有效地培养孩子的能力,而且能消除家长的育儿烦恼。**

看到这里,你是否感到不可思议呢?以前的你是不是觉得:

"工作什么的,不都是大人的事吗?"

但是,其实也有适合孩子们的"工作"。这些"工作"不仅会让孩子们干劲满满、成就感十足,也会让他们的身心在这个过程中得到成长。

不过别担心,虽说是"工作",但也不需要让孩子干什么复杂、特殊的事。日常生活中的小事其实都可以成为孩子们宝贵的"工作",比如给植物浇浇水、在面包上涂果酱、给蔬菜削皮……

那么,这些"工作"究竟是如何给孩子和父母带来积极变化的呢?

这也是本书接下来即将详细介绍的内容,简单地说就是,如果能够通过给孩子们安排一些"工作"(身边小事)来满足他们内心"想要成长!想要变强!"的本能诉求,那么孩子就不会因为该诉求未能得到满足而任性哭闹;而且,"工作"还能够**培养孩子独立完成、独立思考的能力,激发他们的信心和动力**。

同时,在目睹了孩子的成长后,大人们也能**对自己的育儿**

方法更有自信。这就是为什么"工作"会给亲子双方都带来积极影响。

这10年来，我持续定期举办面向婴幼儿父母的育儿讲座，从我所研究的蒙台梭利教育法出发，向他们介绍如何"激发孩子的潜力和个性"。

目前，不仅是日本国内的家长，来自其他国家的许多父母也经常向我咨询育儿问题。其实，过去的我在育儿方面也遇到过很多烦恼。

我曾经以为，孩子出生后，我能用源源不断的爱抚养其长大，但是回过神来发现，自己每天都在对孩子发脾气，歇斯底里地喊着"为什么要这么做！""为什么听不懂我说的话！"。

即使想为自己的女儿做些什么，我也不知道具体该如何做，又忙得没有时间，结果到头来什么都没做成，就这样白白地浪费了一天又一天……

接下来书中将介绍的各种"工作"，正是经过我反复试验后诞生出的育儿方法，目的就是以更轻松、更日常的简单活动来培养孩子的能力。

除了蒙台梭利教育法，本书还介绍了运动成长思维和心理学本质等各类相关理论，并用我与25,000对亲子接触后总结的经验加以佐证。

另外，这些"工作"既不仅是为了父母，也并非仅是为了孩子，而是为了**让父母和孩子在这个过程中一起获得幸福**。

也就是说，"工作"的目的是让**孩子在父母的关爱下成长，充分发挥其个性才能；让父母在与孩子相处的过程中保持理性、不迷失自我，轻松度过每一天**——

这就是"工作"所要实现的目标。

一开始给孩子安排"工作"时，你也许会产生怀疑，不确定这样做究竟是对是错。不过，如果坚持用"工作"的方式来培养孩子，我相信经过一段时间后，他们一定会发生改变。孩子散发出的某些细微信号都可能会告诉我们，变化正在发生。所以请不要错过这些小信号哦！这也同样是长期、愉快地坚持这种育儿方法的秘诀。

不过，"工作"培养孩子能力的效果也许并不能在短期内观察到。因此，我们有时也难免感到担心。但是，请相信，在孩子体内慢慢成长的那些能力、播撒下的那些"种子"，总有一天会绽放出繁花朵朵。

所以，就让我们一边期待着孩子们会在何时开出何种颜色的花朵，一边和孩子共同享受"工作"带来的乐趣吧。

蒙台梭利讲师　丘山亚未

小春因为"工作"改变的故事

目录

5岁前，通过"工作"培养孩子的才能
——抓住现在，培养"身、心、脑"的教育方法

1. 让任性的孩子学着去"工作"吧 2
如何陪孩子顺利度过充满无限可能的幼儿时期 2
"工作"是世界上最简单的蒙台梭利教育实践法 4

2. 别错过孩子一生只出现一次的"敏感期信号" 8
"孩子需要做的事"藏在他们想做的事中 8
孩子无法通过玩具满足的"欲望"究竟是什么 10

3. 为什么说5岁前的教育决定人生 14
在5岁前培养能力的好处 14
幼儿时期是"大脑打基础"的时候 15

4. 培养"五感"和"运动能力"是最重要的教育 18
五感的刺激帮助大脑平衡发展 18
孩子独立自主的关键在于"运动" 19

I

孩子的自我认可度也由"五感和运动"所决定　22

5. 日常生活才是培养孩子的最佳舞台　25
生活中充满了刺激五感和运动训练的机会　25
"直接体验"对于智力培养必不可少　26

6. 如何不急不躁地挖掘"孩子特有的才能"　28
当不了模范妈妈/爸爸也没关系　28
孩子通过工作学会自我肯定　30

7. 工作带给孩子的4种能力　32
今后人生中不可或缺的"情商"也能够培养　32
能力❶　自我认可能力——在不断试错和成功经验中产生　33
能力❷　情绪控制能力——"自我转换"是关键　35
能力❸　学习欲望和思考能力——抓住孩子"想自己试试！"的时机　37
能力❹　自主选择和坚持能力——尝试自己选择/决定　38

专栏　大人的工作　请将自己的话记录下来，哪怕就一天　41

在安排工作前，你需要了解孩子
——献给曾经也是孩子的你

1.你是否认为容忍孩子撒娇，他们就会变任性呢　44
"允许撒娇"和"溺爱孩子"的区别　44
真正的独立离不开"撒娇"　46

2.不听大人话的孩子，心里究竟在想什么　49
孩子没有耐性并不是大人没教好　49

3.被孩子的叛逆期打败时……　53
叛逆期是限定的"黄金时期"　53
"叛逆"是孩子信任的证明，所以请放心称赞自己　55

4.孩子"不愿自己动手"，背后都有原因　57
孩子也有自己的缘由　57

5.怎么提醒就是不听，该拿这样的孩子怎么办　62
孩子并非没有反省　62
孩子失败时，大人应该注意什么　64

6.摒弃对孩子的先入为主观念，育儿就会变得更轻松　66

仅靠观察孩子就能实现的惊人效果　66

如何消除对孩子的先入为主观念　67

7.工作，也能改变父母　70

那一天，我学会了等待　70

专栏　大人的工作　每天都与孩子进行肌肤接触吧　73

"工作的魔力"，现在立刻就能够施展！
——按照年龄划分，"从基础到进阶"

1.在开始工作之前　76

2.开始实践！工作的4个步骤　78

第1步　选择、发现工作　80

第2步　做示范　82

第3步　静静守候　83

第4步　收拾　84

3.各年龄段孩子 实践中的注意事项　85

0岁…85 / 1岁…86 / 2岁…88 / 3岁…90 / 4岁…92 / 5岁…94

通过厨房里的工作，多方面刺激五个感官　97

(1岁时（部分0岁也适用）)　98

捏碎 / 看 / 用勺子舀 / 触摸食材 / 洗菜 / 撕碎海苔 / 移动厨具

(2岁时)　102

打蛋液 / 化开酱料 / 拌匀 / 敲打 / 给瓜果蔬菜去蒂或去籽 / 给蔬菜脱水 / 给面包涂果酱 / 给蔬菜水果剥皮或壳 / 倒水 / 用模具定型 / 切片 / 做比萨 / 用餐叉或水果叉 / 捣芝麻 / 用勺子舀 / 用黄油刀切

(3岁时)　114

用削皮器削皮 / 淘米 / 擦桌子 / 用海苔卷着吃 / 盛饭 / 定型 / 洗杯子 / 摆餐具 / 榨果汁 / 摆盘 / 剥蛋壳

通过日常生活中的工作，学会自己的事自己做　123

(1岁时（部分0岁也适用）)　124

挤海绵 / 合作完成 / 贴魔术贴 / 把要洗的衣物放到洗衣篮里 / 洗手 / 搅动洗澡水 / 容器盖子的开合 / 扔垃圾 / 收拾玩具 / 选衣服穿

2岁时 130

整理鞋子/晾、收衣服/擦窗户/给植物浇水/叠手帕/找相同/用时自己拿,用完自己放/系、解纽扣/开合拉链/系、解带扣/自己拿包/拧/把衣服挂到衣架上/洗手帕

3岁时 142

削铅笔/用扫帚扫地/出门前的准备/穿、脱衣服/叠衣服/剪花茎/做针线活/洗鞋子/打扫浴缸/包饭盒

通过运动类工作,培养适合学习的身体 147

1岁时(部分0岁也适用) 148

玩接毛巾球游戏/撕报纸/钻隧道/纸气球/挠痒痒

2岁时 151

弯下腰,从两腿间往后瞧/单脚站立/爬被子山/用抹布擦地/模仿不倒翁/毛巾平衡木

3岁时 157

抓尾巴/推手游戏/塑料瓶保龄球/手推车/一二三木头人/过河石

通过数字和语言类工作,进一步学习 161

对数字和语言敏感的信号　162

 163

感受重量并表达出来 / 模拟开店 / 数台阶

关于语言的工作　165

描字 / 在沙子上写字 / 取名字

遇到这种情况该怎么办？关于工作的提问和回答　167

第4章

"育儿要抓住现在"，愉快享受育儿过程
——感受和孩子一起成长的幸福

1. 一切都始于对孩子的信任　178
建立起信任关系，就能解决许多问题　178
建立起信任的3个重点　180

2. "等待2分钟"，这会让孩子发生巨大变化　184
你想催促时，孩子也在努力　184

2个方法让我这个急性子也学会了等待　185

3. 共享幼儿时期的情感和经验，能加深亲子之间的羁绊　188
为什么我能够真心觉得"给孩子安排工作太好了"　188
抓住"和孩子在一起的宝贵的当下"　190

4. 孩子最擅长原谅！无论何时，我们都能重新开始　192
不必强迫自己去爱孩子　192
仅凭一句话，孩子就会少些任性　194

5. 今天的笑容一定会带来明天的幸福　196
遇到困难时，请好好观察孩子吧　196

第1章

5岁前,通过"工作"培养孩子的才能

——抓住现在,培养"身、心、脑"的教育方法

5岁前的工作

1.让任性的孩子学着去"工作"吧

如何陪孩子顺利度过充满无限可能的幼儿时期

孩子总是把餐具或食物扔着玩儿。

不断地想要爬到桌子上去。

洗手洗个不停,还闹别扭。

总是静不下心来,注意力集中不了。

喜欢跑来跑去、吵吵闹闹。

还会莫名其妙地发脾气……

这些行动不禁让人在心底呐喊:"你们究竟想干什么!究竟为什么要这样做?"

各位在育儿时是否产生过上述想法呢?虽然孩子可爱,但如果每天都被这种喜欢恶作剧,还动不动就发脾气的孩子牵着鼻子走,那么想必大家都会感到身心俱疲,甚至绝望到

第1章 5岁前，通过"工作"培养孩子的才能

想放弃吧。

其实，如果让这样任性的孩子学着去"工作"，那么不仅可以有效减轻我们育儿时的烦躁情绪，而且能够帮助孩子更好地成长。

看到这里，有些人可能会觉得：

"'工作'？是不是要让孩子干各种很困难的事啊……"

"光是像现在这样照顾孩子，我就已经忙得不可开交了，哪儿还有那种闲工夫呢……"

不过，实际上这种方法并不需要额外花费时间、金钱，也无需进行特殊准备。这是因为，日常生活中的各种琐事其实都可以成为孩子们的"工作"，比如洗菜、倒垃圾、给植物浇水或倒茶等。

关键在于，对孩子的调皮捣蛋行为我们是选择勃然大怒，还是选择让他们学着"工作"。这个决定对于我们育儿的方法和孩子们能力的培养都会产生影响。

不仅是能力的培养，这甚至可能改变他们的人生轨迹。怎么样？是不是出乎你的意料了呢？

5岁前的工作

实际上,如果想让孩子们的身心快速成长起来,日常生活正是"最佳舞台"。关于这一点,接下来我会为大家详细介绍。

"工作"是世界上最简单的蒙台梭利教育实践法

"工作"一词是蒙台梭利教育法中提出的概念。所谓蒙台梭利教育法,是玛丽亚·蒙台梭利(注:意大利幼儿教育家)提出的一种著名教育方法,许多活跃在世界舞台上的知名人士在幼儿时期都接受过这种教育。

接受过蒙台梭利教育法的名人有:
谷歌共同创始人——谢尔盖·布林和拉里·佩奇
亚马逊创始人——杰夫·贝索斯
维基百科创始人——吉米·威尔士

管理学之父——彼得·德鲁克
《安妮日记》作者——安妮·弗兰克
英国王室成员——亨利王子和威廉王子
日本将棋职业棋手——藤井聪太
……

第1章　5岁前，通过"工作"培养孩子的才能

玛丽亚·蒙台梭利博士曾经是一名医生，她在对儿童成长发育进行科学观察的过程中，总结出了该教育方法。蒙台梭利教育法虽然诞生于100多年前，但即便放在科研飞速发展的现代，其正确性仍然能够从各种角度得到证明。

这不禁引人深思：为什么接受过蒙台梭利教育的人能够发挥出创造性和创新性，在各种领域大放异彩呢？这种教育方法是不是有什么特别之处呢？

不过，蒙台梭利教育法最注重的教育方法其实就是"日常生活中的练习"。这种练习的目的是让孩子们能够"自己的事自己做"，培养孩子的独立能力。练习的具体内容也没什么特别的，都是一些日常小事，比如系纽扣、叠手帕或者擦桌子等。

那些在蒙台梭利教育法引导下成长的孩子，在两三岁时自己就会穿脱衣服、饭前摆碗筷、饭后收餐具、打扫卫生等。有些心灵手巧的孩子甚至会做针线活，用起菜刀来也毫不在话下，还会自己做饭。

其实，孩子们所拥有的能力远远超出了大人的想象，不对，更准确地来说应该是，只要为孩子们创造一个环境并适当地干预，那么即便是很小的孩子，也能够做许多出乎我们意料的事。因此，蒙台梭利教育法的第一步就是，通过日常生活激发孩子

5岁前的工作

自身的潜力。

如上所述，蒙台梭利教育法让孩子们"做自己的主人"，引导他们自发地去接触身边事物、感知身边世界，或是通过找到自身兴趣发现自我。

这种方法和那些让孩子很早就开始学写字、学英语的早期教育并不相同。它是通过激发孩子的潜力，培养孩子在今后人生中必不可少的"独立完成能力""独立思考能力""动力""自信""挑战精神"和"自我认同"等各方面的能力。这些能力会像枝叶那样越来越繁茂，最终让孩子成长为参天大树。

"工作"本来是指那些在蒙台梭利教育法指导下进行的所有活动（包括做身边的琐事），而本书从蒙台梭利教育法的内容出发，认为生活中所有基础性活动都可转化为"工作"，这些活动涵盖了运动发育和心理学等各领域理论。

而将这种活动转化为"工作"而非"游戏"，是因为这样能够发挥帮助孩子身心成长的作用。

蒙台梭利教育法所强调的"工作"也是如此。

其实，本书中所说的"工作"，很多对家长来说也有益处。

第1章 5岁前,通过"工作"培养孩子的才能

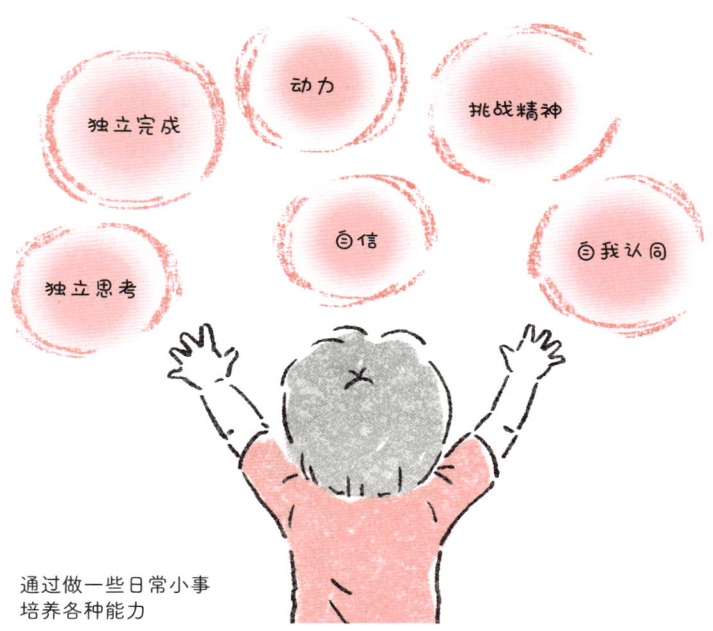

通过做一些日常小事
培养各种能力

　　这类教育方法不仅能够激发孩子们的潜力,也能放松父母的心情,有效减轻育儿压力。此前有很多父母都与我分享了他们的成功经验。

　　接下来,我也会逐步讲解这种减轻育儿压力的效果。

　　希望大家在看完本书之后,能够与孩子们一同享受"工作"带来的幸福。

5岁前的工作

2. 别错过孩子一生只出现一次的"敏感期信号"

"孩子需要做的事"藏在他们想做的事中

蒙台梭利教育法认为,孩子的运动、认知和语言能力都有一段最发达的时期,这个时期被称为"儿童敏感期"。孩子们一旦进入了"敏感期",就会对某件事产生强烈兴趣并反复去做。

你的孩子有没有以下这些行动呢?

不停地跑来跑去、总想爬到桌上去、往缝隙里放东西、想拿重物、扔勺子、按机器的按钮、把桌上的东西扔到地上……

处于运动敏感期的孩子经常会出现上述行为。

"运动敏感期"会出现在儿童0岁至6岁这个年龄段。特别是0岁至2岁半左右的孩子会不断学习日常生活所必需的"基本

第1章 5岁前，通过"工作"培养孩子的才能

动作"。为了掌握各种各样的动作，他们常常会使出浑身解数，还会对大人的动作产生兴趣并试着模仿学习。

1岁的小男孩悠斗以前也总是想要爬到桌子上，为此，他的妈妈感到十分苦恼。她要么耐心温柔地告诉悠斗"这里是吃饭的地方，所以不能爬上来哦"，要么严厉地斥责，总之是用尽了各种方法，每天都要提醒孩子几十遍。可是，孩子还是一如既往……这位妈妈实在不知道，到底该怎么做，孩子才会听她的话。

但是，小悠斗之所以会这样，既不是因为他"不懂事"，也不是因为父母对他的管教不严，只是由于他现在正处于"运动敏感期"，想要活动自己的身体。

实际上，孩子一生中只会出现一次"敏感期"。所以，如果错过了这一时期，能力就会越来越难培养了。

蒙台梭利教育法中也说到，在运动敏感期内，家长需要给孩子创造机会，让他们充分活动身体，帮助孩子激发、培养自身能力。

本书中介绍的"工作"，也正是配合了孩子们想要成长的意愿。

所以，我建议悠斗的妈妈去带孩子做一些"向上爬的工作"。这样一来，悠斗"想要活动身体"的欲望得到了满足，他也就不再往桌上爬了。所以，在这个时期，父母们不要阻止孩子干这干那，而应该通过"工作"给孩子尽情活动的机会，满足他们的内心诉求，从而逐步培养孩子的能力。

孩子无法通过玩具满足的"欲望"究竟是什么

孩子的一些行为在父母看来就是令人头疼的恶作剧，但是，就像上文中的小悠斗一样，这些其实都与"成长（敏感期）"有着密切的联系。

让孩子开始"工作"之后，这些困扰父母的行为之所以会慢慢减少，是因为孩子内心的诉求也都像悠斗那样得到了满足。

读到这里，可能有些人会觉得："就算通过工作会减少这些令父母烦恼的行为，可如果让孩子帮着做事，会把家里弄得一团糟，而且也很花时间，反而会更让人头疼。"

2岁女孩小百合的妈妈曾经也是这么想的。她不想让孩子把家里弄得脏兮兮，也不愿意让孩子去摸那些危险物品，所以就

第1章 5岁前,通过"工作"培养孩子的才能

在厨房入口处安装了防止小孩进入的防护门栏。

准备做饭前,她会先在客厅里摆满玩具来吸引孩子的注意力,然后找时机偷偷溜进厨房飞快地做菜。可是,只要妈妈到厨房,小百合立刻就能发现,然后隔着门栏哭闹。听着孩子的哭闹声手忙脚乱地做饭,这样的日常令小百合的妈妈倍感压力。她不明白,为什么孩子不能一个人边玩边等她做好饭?于是,她去咨询了许多幼儿教室的老师。最终,她找到了我。

我倾听了这位妈妈的烦恼后,建议她在自家厨房里空出一个橱柜,放一些平时不用的笼屉或者汤勺之类的厨房用具,然后在做饭时把孩子也带到厨房来,让她自由地触摸这个"小百合专用"橱柜里的器具。

这样一来,开关柜门和触摸里面的厨具,就成了"小百合的工作"。

这位妈妈听了我的建议之后,一开始还有些半信半疑,但真正实践了之后却大获成功。以前,小百合在妈妈做菜时总是哭闹不停,但现在,她能专注于开关柜门和把厨具拿进拿出的工作,再也不哭闹了。

事后,小百合的妈妈告诉我,多亏了女儿能专注于"工

5岁前的工作

作",她现在做起菜来得心应手,心情也更轻松了。开关柜门的"工作"干多了之后,小百合又对其他事产生了兴趣,于是妈妈就让她帮自己撕生菜、掰蘑菇,并渐渐地把更多的"工作"交给女儿。

坚持给孩子安排"工作"的这段时间,对妈妈来说"压力很大的做饭时间"也摇身一变,成了和小百合"一起享受工作的快乐时光"。

随后,在"工作"中得到了满足的小百合也发生了变化。

以前,她一看到妈妈进了厨房,就变身为"跟屁虫",紧紧地跟着妈妈。可现在,不知不觉间,她自己一个人也能玩得很专注,也学会了等待。

小百合的妈妈其实也是一位为了孩子非常努力的母亲。正因为她很努力,所以她觉得自己有责任"把家务做好","不让孩子处于危险之中",但这种责任感往往会束缚住孩子。我很理解她这么做的初衷。可是,如果我们能够欢迎孩子参与到大人的世界里来,而不是将他们"拒之门外",那么很多事都会变得更轻松、更简单。因为孩子其实渴望参与进来。

小百合妈妈的经历恰恰证明了这一点。她让孩子参与进来

第 1 章　5 岁前,通过"工作"培养孩子的才能

后,不仅自身的育儿压力减轻了,而且自己的心情也轻松了; 她还告诉我,能够发现自己的孩子还有专注于"工作"的一面, 她真的非常高兴。

5岁前的工作

3. 为什么说5岁前的教育决定人生

在5岁前培养能力的好处

诺贝尔经济学奖得主——詹姆斯·赫克曼教授,基于世界上最著名的幼儿教育研究,提出了"5岁前的教育和环境决定孩子的人生"这一观点。

幼儿园创始人、德国教育学家福禄培尔·弗里贝尔曾指出,"孩子在5岁前会学完一生所学"。

上述这些学者之所以会认为幼儿时期如此重要,是因为这段时期的成长关系到了孩子大脑的发育。

婴儿出生时,其大脑的神经细胞数量就与成年人相同。在出生后,婴儿大脑内部的神经细胞会飞速连接在一起,形成神经网络系统。神经网络具有记忆、认知和思考能力。所以,孩子在这段时期处于什么样的环境、做着什么样的事,对于他们

第1章 5岁前，通过"工作"培养孩子的才能

今后的成长会产生巨大的影响。

幼儿时期是"大脑打基础"的时候

读到这里，大家是不是都在想："我明白这段时期很重要，可究竟该怎么做呢？"

成长发育的顺序

⑤学习能力、自我控制力、总结能力、集中注意力的能力

④日常生活、沟通交流、带着目的行动

③身体意象（对自我身体的感知）、注意力、运动协调能力

②吃、看、保持姿势

①以五感为首的基础感官

5岁前的工作

我希望各位在孩子幼儿时期，重视下面这两点：
- 用五感体验
- 多运动，掌握多样的动作

之所以如此，是因为这二者正是大脑发育的基础。

谈到"培养孩子的能力"，家长们可能首先会关注孩子的智力发展，例如读写能力或计算能力等。但是，如果孩子不具备"坐在桌前学习"所需要的能力，他们也就无法集中注意力学习。

孩子的成长发育若按照一定的顺序进行，他们的能力会像上图中那样一步步地培养起来。通过脚踏实地培养能力，孩子们最终会迈上一个新台阶。

有些家长为了不让孩子落后于人，总想"趁早把孩子培养起来"，于是，他们热衷于让孩子接受提升外语、读写能力相关的早期教育。但是，在培养孩子的过程中，真正重要的是"按照孩子的成长阶段帮助其学习"。

如果用建筑来比喻孩子的能力，那么认知能力和运动能力

第 1 章　5 岁前，通过"工作"培养孩子的才能

就是地基。如果没有打好地基就急着建 2 层、3 层，那么这栋楼的结构就不会稳定。同理，如果孩子尚未完全掌握这些基础性能力，家长就想追求更高的层次，那么孩子在这个过程中可能会遇到困难，或者即使孩子看似掌握了某种能力，但也都是暂时性的，日后各种问题会接踵而至。而且，如果等孩子长大之后再弥补这些"尚未完善的基础能力"，也会非常困难。

就算家长不勉强孩子接受高层次的早期教育，只要能让孩子充分地学习现阶段该学的内容，孩子自己也会试着去提升自己。这才是培养孩子能力最为有效的方法。

所以，让我们一起找到适合孩子成长阶段的学习内容，然后放平心态静待开花结果吧。就算慢一点儿也没关系哦。

5岁前的工作

4.培养"五感"和"运动能力"是最重要的教育

五感的刺激帮助大脑平衡发展

正如前文所述,婴儿出生后,其大脑内的神经细胞就会连接在一起形成神经网络。这个过程会伴随着神经回路的增加和脑内"垃圾"成分的减少,大概到孩子5岁时,神经网络就可以形成将近80%。

而"五感"(视觉、听觉、嗅觉、触觉、味觉)所带来的刺激,在形成神经网络的过程中不可或缺。这也意味着,如果我们想让孩子的大脑均衡发展,必须通过"五感"不断地刺激大脑。

虽说婴儿一出生就拥有这五种感官,但这些感官尚未发育成熟。孩子出生后,感官通过接触世界上各种事物得到刺激而不断发展。

这五种感官的成长发育之所以重要，是因为人类需要利用这些感觉器官来接收外界信息。

比如，我们在照顾孩子的时候，会用视觉来判断孩子的脸色或表情，用听觉来分辨孩子的哭声是微弱还是强烈，抱起孩子时通过接触皮肤（触觉）来感知其有没有发烧，从而判断孩子的健康状态——如果孩子的状态和心情看起来还可以，那么家长也就能放心了；如果孩子状态不是太好，家长就会为其测量体温……我们基于这些判断采取行动。

这表明，大人在日常生活中的任何情况下，都会利用自己的五感接收到的信息进行判断并付诸行动。也就是说，五感能否接收到正确信息，直接影响了一个人的思维和行为。

孩子独立自主的关键在于"运动"

那么，运动能力为什么会成为众多能力的基础和前提呢？

说到运动，人们可能首先会想到踢足球、打棒球之类的"体育运动"，但我在这里所说的"运动"其实是指"肢体运动"。

列如站立、行走、跑、跳、悬（挂）、攀、爬、拿、搬、

5岁前的工作

因为能灵活转动手腕，所以写起字来十分轻松。

按、踢、抓、转手腕、转圈、撕、放、系、拧、倒（水）……人类正是通过组合这些肢体动作，来无障碍地顺利度过每一天。

对于大人们来说，转手腕、拿东西或者倒水之类的动作不费吹灰之力就能完成。但是，一个人如果不会做这些动作，他就不会写字、拿包，更做不到往杯子里倒水喝了。

掌握这些动作是"正常生活的前提"。因为**一个人只有掌握了基础性动作，才能学习更复杂的动作。**

如果能让孩子在幼儿时期掌握各种各样的动作，那么不仅

第1章　5岁前，通过"工作"培养孩子的才能

能提升他们的运动能力，还能**帮助他们培养一个好身板，自如地活动四肢，始终保持健康、灵活的状态**。

有些家长可能会认为，只要是健康正常的小孩，根本不需要教，他们自然而然地就能学会这些动作。

但是，在当今社会，随着机械自动化的迅猛发展，我们站在门前不动，门就会自动打开，把手伸到水龙头底下，水就会自动流出来。而且这些事都被认为是理所当然的。

所以，孩子们在日常生活中能够做的动作实际上减少了许多。因此，我希望父母们能够有意识地引导尚处于幼儿期成长阶段的孩子重复那些基本动作，使他们在这个过程中掌握动作要领，变得更加熟练。

小女孩晶晶曾经是我幼儿教室里的一名学生。以前，她因为肢体不太协调，经常拿不住东西，动不动就把水洒了。因为这一点，她也总是被父母训斥。然而，她之所以会这样，是因为平时没有锻炼过手部以及手腕，这也导致她写字时动作非常僵硬，这样自然就写不出一手好字了。但是，当我通过"工作"有意识地为晶晶提供更多的动手机会后，她就跟变了个人似的，动作更加灵活，也更加独立自主了。

孩子的自我认可度也由"五感和运动"所决定

另外,如果同时培养孩子的感官和运动能力,那么他们会变得更加灵巧。

幼儿时期是孩子变灵巧的重要阶段。

感官在这方面看似没有发挥什么作用,但实则必不可少。就像我们戴着厚重的军用手套就没法儿干"穿针引线"这种精细活一样,为了让手变得更加灵巧,我们必须先让感官变得灵敏。

只有感官和运动能力都培养起来,孩子才能真正达到"心灵手巧"。

也只有这样,才能想换衣服的时候能自己穿衣,想写字的时候能自己写写画画。

反之,如果手不巧,那么"屡试屡败"的经历就会让孩子感到非常辛苦。如果这样的状态持续下去,他们最终就会放弃。从"我想做"到"我能做"——想必家长们一定也想让孩子这样成长起来吧。而且,成功的体验会给孩子带来更大的自信。

灵巧程度直接关系到孩子能否独立自主。因为,随着自己能做到的事越来越多，孩子就会越来越有信心。此外，幼儿时期的灵巧度也和孩子的心理成长（有干劲、认可自我等）有着密切的联系。

反之，如果干什么都"笨手笨脚"，孩子会不断遇到挫折，从而失去自信。

自己的事没法儿自己独立完成，所以总是被父母骂；想写字，可是又写不好；事情不按照自己的想法发展，所以干什么都心烦意乱；明明很努力了，可是谁也不表扬自己……

像这样，孩子不擅长的事越多，就会越自卑。

不过，这里还需要注意，虽然手越用越灵巧，但是如果仅仅因为孩子没法儿好好拿铅笔写字或用不好筷子，就不停地让他们反复练习，孩子反而会变得更不擅长。

如下页图所示，孩子的成长过程有 ==三大重点顺序==：

- 从头到脚（从上到下）
- 从躯干到肢端
- 从大幅动作到细微动作

5岁前的工作

身体成长发育的过程

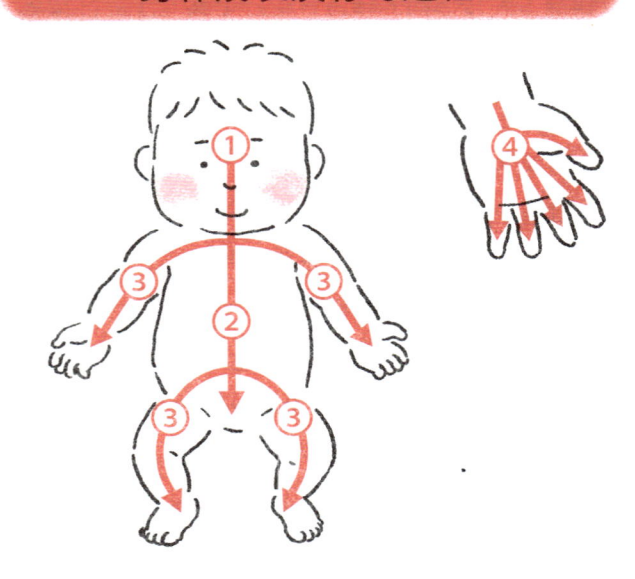

孩子的成长发育基本都是按照上述顺序。所以，我们可以先让孩子去外面玩耍或者做一些与运动相关的"工作"，让孩子大量、大幅度地活动整个身体；然后，根据孩子的年龄和成长阶段，再为他们安排一些"细致活儿"，让孩子变得更灵巧。

5.日常生活才是培养孩子的最佳舞台

生活中充满了刺激五感和运动训练的机会

在孩子的幼儿时期,我们可以利用日常生活来培养他们的五感和运动能力。具体的方法也就是接下来我即将介绍的"工作"。这些"工作"将从多方面对孩子的感官进行刺激,也包含了我希望孩子们能尝试的许多动作。

就拿捣芝麻这项"工作"来举例吧。孩子在捣芝麻的过程中,手会感到芝麻粒"嘎吱嘎吱"破碎的独特研磨手感;这种"嘎吱嘎吱"的声音又会传到孩子耳中;另外,他们也能用鼻子闻到芝麻碎散发出的阵阵香气……这种"工作"虽微不足道,却充分具备了刺激五感的各类要素。

另外,在捣芝麻的过程中,孩子一只手按着石臼,另一只手拿着捣杵不断地研磨,"左右开弓"的工作方式会让孩子取得巨大的成就感。而且,他们为了不让芝麻撒出来,会注意调节动作幅度和力度，拿出认真的态度对待这件事。

"捣芝麻"在我的幼儿教室里也是一项非常受孩子欢迎的"工作"。在这个过程中，每个孩子都会开心地大喊"好好玩啊！""好香啊！"。完成之后，孩子们会把磨好的芝麻仔细装起来，带回家充分利用——做紫菜盐或是撒到凉拌豆腐上吃。

"工作"的目的就是给孩子提供丰富多彩的体验机会。对于大人来说，这些事可能意义不大，但正是这样的小事，才能够培养孩子的能力，给他们带来新的发现和感动。

"直接体验"对于智力培养必不可少

这种利用"五感"的体验也被称为"直接体验"。在现代社会，生活中的数字化进程在不断加快，在这样的背景之下，孩子能够"直接体验"的机会急剧减少。确实，很多人也担心这会不会影响到孩子的成长发育，不利于他们的好奇心、学习欲望的培养。

说到"直接体验"，有些人可能会联想到带着孩子去野营或到大自然中玩耍之类的特别活动。但其实在我们的日常生活中，这种"直接体验"的机会也有很多。

第1章　5岁前，通过"工作"培养孩子的才能

日本脑科学家茂木健一郎所著的《孩子5岁前该做的事——如何培养真正聪明的大脑》（日本实业出版社）中指出，大脑在0岁至5岁期间需要大量分泌多巴胺。"多巴胺"是一种大脑神经递质，这种物质分泌得越多，人对事物就会产生越强烈的兴趣，就越会想要积极尝试。

茂木在其著作中还指出，孩子在接触从未体验过的新事物时，大脑就会分泌大量多巴胺，而对于0岁至5岁的孩子来说，日常生活中的所有事物都是全新的未知体验。

确实，在大人们眼中，日常生活中的小事再寻常不过；然而，在孩子们眼中，每一天都充满了新鲜有趣的"第一次"。

所以，请务必以"工作"的方式，和孩子们一起享受"直接体验"和"第一次"带来的快乐吧。这种活动一定不会逊色于任何一类教育方法，会帮助孩子培养各种各样的能力。

6. 如何不急不躁地挖掘"孩子特有的才能"

当不了模范妈妈/爸爸也没关系

读到这里，可能很多家长都在暗下决心："必须让孩子在5岁前体验各种各样的事才行！""必须让孩子从小开始尝试很多'工作'才行！"

孩子的"幼儿期"一生中只会经历一次。所以，如何度过这短暂且唯一的时期，显得格外重要。我并不是要推翻之前的观点，而是想告诉各位，不必着急。

在这个时代，我们会无意识地接收到各种信息。一方面，如果我们在育儿时碰到了什么困难，只要上网搜索就能方便快捷地找到专家专栏或详细解说；但是，另一方面，我们也会不自觉地与他人比较，在比较中感到焦虑。这也可以说是当今特有的一大难题。

干净整洁的房间、健康美味的家常菜、循序渐进的育儿方法……即便如此，有些妈妈还是不满足，觉得自己"要成为一个更好的母亲才行！"，从而陷入自我否定。

明明孩子和朋友玩得很开心，也很有礼貌，读写、计算能力也没有问题……可一部分家长还是会感到焦虑，认为"我们家孩子要变得更优秀才行！"

想必，如今有很多大人和孩子都面临着这般困局，被源源不断的信息裹挟、刺激和压迫着。

我在从事育儿、幼儿教育相关工作的过程中，接触过许多家长。在与这些家长交谈后，我发现很多父母都希望自己以及自己的孩子"成为最美的那朵玫瑰"，他们不断地苦恼于如何才能实现这个目标。

其实，我自己也是如此。即便长年从事幼儿教育工作，我也曾有那么一瞬间希望自己的孩子考满分。

但是，我们并不是非得成为玫瑰不可。

向日葵有向阳怒放之美，野花有放肆生长之美。在美丽的大自然中，花花草草坚韧又悠然自得。

所以，比起一味地追求"如玫瑰般绽放"，我们真正应该注重的是，如何让每个人都释放出独有的生命力，绽放出只属于自己的那朵花。

我们和孩子都不需要成为什么大人物，都可以做自己——如果能够这样想，那么大人和孩子也一定都会变得更幸福。

即使只能在有时间的时候给孩子安排"工作"，也能够达成效果。所以，不用过于努力。请别担心，你所付出的一切都已经帮助到孩子了。

孩子通过工作学会自我肯定

在前文中，我曾多次提到"培养能力"这四个字。但本书中所将介绍的"工作"并不是为了培养那些能通过英语、数学考试测评出来的能力，而是为了充分激发孩子特有的潜力。所以，如果坚持让孩子"工作"下去，那么我们既能学会肯定孩子，也能懂得认可自己。

只不过，这些通过"工作"激发出来的能力也许并不会马上显现出来，也可能并不引人注目。在很多情况下，"工作"带给孩子的变化相对而言发生得比较缓慢，以至于家长可能会有疑惑："孩子哪里有变化呢？"

但是，这些能力一定会帮助孩子在未来充满不确定性的环境中生存下去。那么，"这些能力"具体指什么呢？让我们继续看下去吧。

5岁前的工作

7. 工作带给孩子的4种能力

> 今后人生中不可或缺的"情商"也能够培养

我在前文中提到,"工作"能够帮助孩子培养今后人生中所必需的能力。这里的能力指的就是**"情商"**。

那些能够通过数值来体现的能力被称为智商(IQ)。而与之相对的,那些无法用数值来体现的能力——干劲、行动力、交流能力、创造力、韧性、协调能力等则被称为情商(EQ)。

许多国际机构的研究都指出,为了孩子今后能幸福度过人生,家长不仅需要培养包括学习能力等在内的智商,还需要培养孩子的情商。

以往的教育都更加重视孩子记住了多少知识以及能否准确输出,并以此来评价孩子的能力,即更重视"知识教育"的理念。但是,在当今时代,人工智能输出知识和信息方面的能力已经远远超过了人类。

而且，随着技术的进步，社会上产生了许多新的职业种类，人们的工作方式也发生了变化。等到我们的孩子步入社会时，工作的形式应该会变得更加复杂多样吧。

因此，在这样的时代背景下，那些无法被人工智能所取代的"人类特有的能力"，才更应该受到重视，这也是孩子们今后将面临的未来。具体来说，现代社会所需要的能力就是创造能力、思考能力（思考那些没有单一正确答案的问题）、沟通交流能力等，而这些都包含在情商的范围之内。

接下来，我会按照顺序介绍4种与情商相关的能力，这些能力都可以通过"工作"来培养。

能力 ❶ 自我认可能力
——在不断试错和成功经验中产生

你是否想让孩子成为"能够挑战新事物"的人呢？

毋庸置疑，那些愿意挑战新事物，虽然没经验，但愿意先试试看的孩子，比起那些在开始前就认为自己做不到的孩子，会得到更多的机会与收获。

5岁前的工作

这种相信自己的力量，认为"我能行""我会成功"的心态，也被称为"自我认可能力"。自我认可能力越强的人，就越能以一种积极的心态去挑战新事物；而且，即使失败了，他们也会抱有一种十分乐观的心态，积极地思考下一次该怎么做才能成功，并平静地接受这次失败。

反之，自我认可能力较弱的人，则会始终抱有一种"反正我做不到""不可能做到"的想法，久而久之，他们对待任何事都会十分悲观。

自我认可能力的培养不仅可以借助周围人鼓励的话语，类似于"没事的""你一定能行"等，更需要孩子从幼儿时期就不断地试错，在这个过程中积累成功经验。

实际上，那些每天都在"工作"的孩子在尝试新事物时，根本不会感到害怕。只要我给他们介绍一项新工作，并问他们"愿不愿意试试看？"，大多数情况下，孩子们都会两眼放光地说"要！"。因为这些孩子在工作的过程中已经多次试错，并积累起成功经验了。

当大人发现孩子遇到挫折，屡战屡败时，就会忍不住想告诉孩子正确答案，或者是帮孩子一把。但是，这样做并不会令孩子真正地感到高兴。他们只有通过自己的力量不断挑战，最

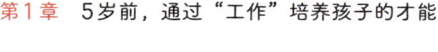

后终于迎来"我做到啦！"的时刻，才会产生由衷的喜悦。

而"工作"，就是通过日常生活帮助孩子一点点地积累成功经验的途径。

能力 ❷ 情绪控制能力
—— "自我转换"是关键

2岁左右的孩子最爱玩水。所以，处于这个年龄的孩子会特别喜欢干一些洗菜或者洗杯子之类的"工作"。大人们看到孩子这么有干劲时，一方面可能会非常感动，但另一方面也会注意到一个奇怪的问题，那就是孩子一旦开始洗就停不下来。

大人们在洗东西时，目的就是洗掉污渍，所以洗干净了就会停下来，也不会去洗那些没有污渍的东西；但孩子与大人不同，他们洗东西并不是为了洗污渍，只是觉得有趣、很舒服、很好玩，所以洗了还想再洗。这样的情感驱使着他们不停地做同一件事。

让孩子不停地干一件事会耽误时间，在这种时候，家长需要提前对孩子说一句**"洗干净就好了哦"**，也就是告诉孩子，他们"可以自己决定在什么时候结束"。对孩子说完这句话后，请再忍耐一段时间。然后，我们应该就能发现，孩子在兴致勃勃地洗了一阵之后，会一脸满足地说"洗好啦！"，然后关上水龙头，并把手擦干。

让孩子有了这样的体验之后，他们在做其他事时，也能学会自己决定何时停止。反之，如果家长每次都在孩子干到一半时强行制止，那么孩子对这件事的执念就会越来越深。所以，父母在引导孩子结束"工作"时，也需要有一定的技巧。

不过，即使我们提前和孩子约定好了次数或时长，也准备了温柔地制止孩子的方法，但等到真正需要结束的时候，孩子可能还会闹脾气说"我还要做！"。这种令人万般无奈的情况肯定会发生。

但是，即便此时孩子因为不能接受而放声大哭，父母也不能服软。学会忍耐和接受事情不会按照自己的心意发展，对于孩子的成长也十分必要。

这样，在尽情大哭一场之后转换心情后，孩子才能真正学会控制自己的情绪。

有的家长在面对大哭大闹的孩子时会不知所措。但是，其实我们只需要明白，现在正是孩子学着控制自身情绪的时候，就可以从容对待了。所以，大可不必苛责自己和孩子。

能力 ❸ 学习欲望和思考能力
——抓住孩子"想自己试试！"的时机

大家是否想让自己的孩子成为热爱学习的人呢？

蒙台梭利教育法有时会被形容成"培养天才的方法"，其实，该教育法的真正目的并非培养天才，而是培养孩子成为"独立、能干、有责任心、会关心他人、愿意终身学习"的人。在我看来，终身学习的态度，也会成为一种才能。

培养孩子的学习欲望和思考能力其实并不困难。

因为所有孩子天生就有学习的欲望。一说学习，大人们可能首先想到的是读读写写或者算数，常常会忽视孩子真正的学习欲望是什么。对于孩子来说，学习其实无处不在。比如打开或盖上瓶盖、削铅笔、给花浇水、洗衣服……这些都是学习的内容。

有些大人可能会不屑一顾，认为"小孩子嘛，能思考什么呢？"但是，事实并非如此。

孩子们其实在不停地思考着，他们会想：

这个东西为什么盖上了呢？如何才能打开呢？要怎么做呢？

不信的话，等到孩子在做某件事时，可以试着观察一下孩子的侧脸，你会发现孩子一脸认真专注。

其实，比起孩子在幼儿时期"学会了什么"，他们在学习阶段集中注意力、独立思考的过程更加宝贵。

而且，学习始于兴趣。

"想摸摸看、想试试看、想知道"，这些都是孩子迈向学习的第一步。

那些尝试学习、模仿大人动作的孩子，最初感兴趣的都是日常生活中的小事。换言之，这些孩子们发自内心想做的"工作"，才能够培养起他们的学习欲望。

"日常生活"中遇到的问题没有唯一的正确答案。所以，孩子在反复尝试之中，每次都会有不一样的收获。

能力 ❹ 自主选择和坚持能力
——尝试自己选择/决定

本书中所介绍的"工作"，第一步都需要孩子自己选择/决定。自己决定一件事的能力也被称为**"自主决定能力"**。

第1章 5岁前，通过"工作"培养孩子的才能

剑桥大学芭芭拉·萨哈金教授的研究表明，一个人一天之中最多会做出3500个决定。

"人生，就是一个不断选择的过程。"可以说，选择在我们塑造人生时起到了决定性作用。

我们都希望孩子能独立思考、自主判断、果断决定，也都期待孩子将来有能力开辟属于自己的未来道路。

==实际上，即使是很小的孩子，也能学会自己选择/决定。==

"工作"，也从孩子学会自主选择的瞬间正式开始。

选择/决定的过程，其实也是一个了解自我的方式。

对于自己选择/决定的事，孩子就会努力去完成；如果想要做到这件事，他们就得不断地尝试；失败碰壁的时候，他们就需要思考"下次该怎么办"；最后，如果做到了这件事，那么这些成功经验将会带来自信，让孩子有动力进行下一次尝试。

这个过程也就是"独立思考并付诸行动的过程"。

这样解释是否足够清楚呢？让我们继续看下去吧。

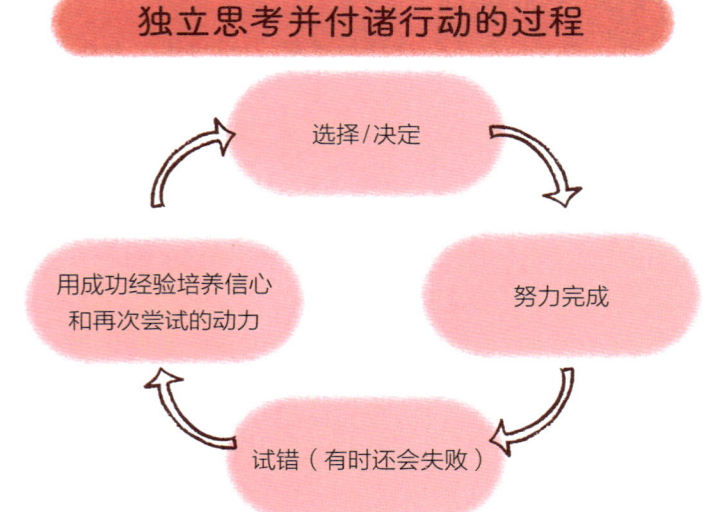

独立思考并付诸行动的过程

- 选择/决定
- 努力完成
- 试错（有时还会失败）
- 用成功经验培养信心和再次尝试的动力

虽然"工作"会给孩子的成长带来许多积极影响，但在实践之前，我也想请各位家长注意一件事，那就是——
"关注孩子本身"。

如果能在足够了解孩子的基础上再给孩子准备各种"工作"，那么"工作"的过程会变成一段更有意义的时间，育儿也会变得更轻松。

我会在下一章仔细讲解这个注意点。请不要着急，慢慢看下去吧。

专栏 大人的工作

请将自己的话记录下来，哪怕就一天

父母是孩子身边最亲近的家人，所以，大人的语言和态度会给孩子造成巨大影响。因此，我希望各位能够抽出时间来记录一下自己平时都对孩子说了什么话。

即使只记录1天也没关系，请试着写下你对孩子说过的所有话吧。可以在冰箱或客厅的某处贴上便签，趁自己还没忘记的时候赶紧记录下来，因为人很快就会忘记自己无意识中说出的话。我建议各位家长可以立刻写下自己刚说的话，而不是在一天结束了之后，再翻开记事本回忆自己说过什么。

尝试记录1天之后，你就会惊奇地发现，自己对孩子说了许多带有命令、指示、苛责（追问）性质的话语。我以前也自信满满地以为自己绝对不会说这些话，但是，尝试记录下来之后，我感到无比震惊——原来自己其实在无意识之中对孩子说了很多这类话语。

- **命令、指示**
  不行、别这样、快点儿、好了别做了、去做……、别洒出来等
- **追问（不是为了得到回答，只是为了责备对方而说的话）**
  为什么要做这种事？为什么又闯祸了？等等
- **恐吓威胁**
  我不管你了、随便你吧、鬼要把你抓走了，等等

我们并不需要每天看着笔记不断地反省，只要记录下来就可以了。这样一来，今后我们在对孩子说话时，自然而然就会更加注意

言辞。所以，只要写下来即可。

　　了解自己对孩子说了什么话之后，我们在对孩子说话时可以有意识地换个说法来表达。这样我们自己的心情也会更轻松。我们说出来的话不仅孩子能听见，也会传到我们自己的耳朵里。这也就是为什么调整言辞会同时改善我们和孩子的心情了。

第2章

在安排工作前，你需要了解孩子

——献给曾经也是孩子的你

5 岁前的工作

1. 你是否认为容忍孩子撒娇，他们就会变任性呢

"允许撒娇"和"溺爱孩子"的区别

究竟该多大程度上满足孩子的要求，是让很多家长感到烦恼的问题。

"如果什么都允许，孩子会变得任性吧？"
"孩子总是说'妈妈帮我！'，我真的不知道究竟什么该帮，什么不该帮。"
我经常能从前来参加讲座的家长口中听到类似的烦恼和担忧，他们往往不知道该怎么应对孩子的撒娇。

我认为，家长们之所以认为不该惯着孩子"撒娇"，是因为他们认为这样会妨碍孩子独立自主，对"撒娇"这件事，他们有一种负面的印象。

第 2 章　在安排工作前，你需要了解孩子

确实，如果孩子面对那些明明平常自己一个人就能做到的事，还向父母撒娇说"帮帮我嘛"，那么父母可能会脱口而出"自己来！"。

但是，"允许撒娇"和"溺爱孩子"是不同的概念。接下来，就让我们看看二者的区别在哪里吧。

"允许撒娇"是配合孩子的脚步，满足孩子情感诉求的行为，例如：

- 在孩子做不到或遇到困难时帮他们一把，或者在一旁耐心地等待；
- 满足孩子想让父母抱、想让父母听自己说话、想让父母多关注自己等这类情感方面的诉求。

"溺爱孩子"是从大人的需求出发，代替孩子完成他们自己该干的事，满足孩子物质诉求的行为，例如：

- 为了避免孩子弄脏衣服或因为动作慢而浪费时间，大人替孩子把事情提前完成，或者在孩子做事时过度干涉；
- 不让孩子学着忍耐、克制，孩子想要什么就给买什么。

简而言之，"允许撒娇"是"以孩子为中心的积极参与"；而"溺爱孩子"则以大人的需求为优先，可以说是一种"以大

5岁前的工作

人为中心的消极干涉"。

实际上,在孩子的幼儿时期,如果父母能让孩子尽情地撒娇,其实也能帮助他们学会独立自主。

真正的独立离不开"撒娇"

为什么对孩子来说"撒娇"也是成长过程中必不可少的重要部分呢?

在1岁半至2岁左右的这个阶段,孩子的自我意识不断萌发。他们会逐渐认识到"父母(或养育者)和自己是有着不同人格的独立个体"。产生自我意识后,孩子会越来越频繁地说"不要""我要自己来"之类的话,对此,家长们往往也会感到很困扰。

自我意识的觉醒只是孩子走向独立的第一步,所以他们并不会就此脱离父母的怀抱独立起来。

想自己来(想独立)→但感到不安(想向父母撒娇)→可还是想自己来(想独立)→但果然还是感到不安(不想离开父

母的身边）……

这样的矛盾与纠结会伴随着孩子的成长，在其心理活动和实际行动中反复上演。

孩子自己迈出一小步后，会回过头看看，这时发现父母正在身后以温暖的视线守护着自己……通过这样反复确认，他们才能慢慢放下心来，继续一个人走向外面的世界。

所以，孩子之所以想向大人撒娇，之所以会说"帮我做嘛"，也许只是因为他们还正处在反复确认的过程之中。

如果家长过于希望孩子尽快独立起来，从而在孩子向自己寻求帮助时强硬地拒绝，并严厉要求孩子自己完成，那么孩子心中的不安就会越发强烈，进而会更加依赖父母。

因此，如果家长能够回应孩子的撒娇并提供帮助，和孩子共同克服困难，给予他们温柔的话语和视线，在一旁默默守候，那么这些想要独立起来的孩子也能够受到鼓舞，坚定独立自主的脚步。

另外，孩子想撒娇的信号并不局限于"抱抱""帮我"之类简单易懂的话。或许他们会无缘无故地欺负弟弟妹妹，故意做

5岁前的工作

让大人头疼的事，对父母说"讨厌妈妈/爸爸！"……这些行为大多都缘于孩子"想撒娇"的心理。

如果家长注意到了这一点，请别被孩子言行举止的表象所迷惑，而是要通过增加与孩子之间的肢体接触或对话，让孩子充分地向自己撒娇。

2.不听大人话的孩子，心里究竟在想什么

孩子没有耐性并不是大人没教好

孩子有时会通过说"我要自己来！""不要回家！""就要现在做！""我要买这个！"之类的话，来迫使大人满足自己的要求。他们这样闹脾气、不听大人的话，是因为家长没有管教好吗？还是他们本身的性格使然呢？

其实都不是。

孩子因为自己的要求未能得到满足而发脾气，是因为他们的大脑尚未发育成熟。

大脑前额叶的主要功能是控制人类的高级精神活动，如等待、预测或控制情绪等。而孩子的前额叶需要等到10岁左右才能发育完全。

所以，孩子之所以2、3岁时不会等待和忍耐，并不是因为

5岁前的工作

家长的管教或孩子的性格出现了问题，只是因为他们的大脑尚未发育成熟而已。

虽说如此，但我们面对的并非不可控的大自然，也不是什么缺了零件的机械，而是一个能够与我们心灵相通的小小人类。其实，除了大脑的发育，孩子不听话还有另一个共同的原因。

那就是孩子觉得自己的想法得不到理解。

大人越是想让孩子理解自己，孩子反而越无法接受大人的想法。所以，为了与孩子相互理解，家长应该先传递出信号，告诉孩子"我明白你想干什么，我理解你的心情"。即使有时候实际上无法接受孩子的想法，也请先试着对孩子说一句"这样啊"（我理解你想要什么），对孩子表达认同吧。

和孩子之间的沟通交流其实就像一场接球游戏。在游戏中，孩子扮演着"专业投球手"的角色。

我想做（孩子把球扔过来）→我明白（家长接球）→那让我做（孩子又把球扔过来）→我理解你的心情，可现在不行哦（家长接球并扔给孩子）。

一开始，孩子的控球技术不太好，可能会突然扔一个"强力球"过来；或者这儿扔一下那儿扔一下，不断地投出让家长接不住的"变化球"……

这时，如果大人能够站在孩子的角度上，耐心地与孩子重复接球游戏（沟通交流），孩子也会渐渐学会控制自己，进而掌握沟通和自我控制能力。

如果孩子因为自己的要求得不到满足而大哭大闹，家长可以放任他们哭个够。此时最重要的就是，不要阻止孩子发泄感情。这种情况下，如果家长厉声训斥孩子"不准哭了"，或者威胁孩子"再哭就不管你了"，他们真正的情绪就会受到压抑而得不到释放，进而导致其行为在其他方面出现问题。

另外，家长也不能因为孩子哭了就答应他们的任何要求。此时的重点是要采取坚决果断的态度来处理问题，告诉孩子："不行的事就是不行。"意在告诉孩子："我理解你的心情，但不能放任你的这种行为。"

这样一来，孩子通过反复经历"尽情地哭，哭完了之后转换心情"的过程，就会逐渐学会控制自己的情绪。

5岁前的工作

如果家长待在孩子的身边感到烦躁,无法控制自己的情绪,那就可以告诉孩子"等你冷静下来就过来吧,我在那里等着你",然后离开孩子的身边。这也是一种保护自己情绪的方法。

沟通的第一步就是接住孩子扔过来的"球"。

3.被孩子的叛逆期打败时……

叛逆期是限定的"黄金时期"

一般来说,孩子在成长过程中会出现一段"叛逆期",而我称这段时期为"黄金期"。这是因为,孩子在此期间的种种表现——不听大人的话、要他干什么都说"不要"、硬要按照自己的想法来——正是自我意识萌发的体现。

"想按照自己的想法试试看。"
"想要靠自己的能力做到。"

就像这样,孩子的独立自主意识在这段时期会更加强烈,换句话说就是,进入了"干劲最足的时期"。

家长可能会对孩子一不顺心就大哭大闹的"毛病"感到头疼,但是,如果能够抓住这个时机,恰当地引导孩子释放其高涨的干劲，那么孩子将会发挥出惊人的学习吸收能力，变得越来越能干。

孩子在成长发育的过程中会释放出巨大的能量。

此时，如果家长以"太吵""太危险""脏""浪费"等消极的态度，持续禁止孩子做那些有益于他们成长的事，孩子内心的压力就会慢慢积累。最后，这些压力就会以任性、闹脾气等形式爆发出来。

面对孩子"能量爆发"的叛逆期，家长也需要花费相当程度的精力，很多时候可能容易感到精疲力竭。

如果自己实在太累了，可以直接说出来，告诉孩子"我明白你想做什么，我理解你的心情"，以此回应孩子的诉求。这样一来，孩子也能理解父母的想法，变得更加听话。

另外，蒙台梭利教育法中也有理论指出，孩子在叛逆期出现的一系列行动（包括讨厌、拒绝、提出自我主张等），也和他们正处于"**秩序敏感期**"有关。

处于"秩序敏感期"的孩子会执着于自己拥有的物品、所处的场所或事情开展的顺序。孩子来到这个充满未知的世界，到了这个时期，他们就试图在这些未知中一步步地建立起自己的世界观，比如：

"这是我的杯子。""那是妈妈的椅子。""这条路是从幼儿园回家的路。""吃完饭后才洗澡。"……就像这样，他们遵循着自己绘制的"路线图"生活，如果这幅"路线图"突然消失或者被改变，他们就会感到不安、混乱并开始闹脾气。

换句话说就是，这个时期的孩子最喜欢一成不变、循规蹈矩的状态。

"叛逆"是孩子信任的证明，所以请放心称赞自己

如果父母在面对孩子的"叛逆期"时，能将其理解为他们的大脑正在发育，而不是抱怨孩子又在调皮任性了，那么自己的心情也会变得更轻松吧。

其实，孩子之所以会对父母"叛逆"，正是因为他们十分信任父母。他们相信，无论自己怎么叛逆，怎么拼尽全力去跟父母对着干，父母还是会一如既往地接纳自己。

也就是说，孩子出现叛逆期，恰恰证明了他们与父母建立起了信任关系。所以，请务必认可自己一直以来陪伴、培养孩子所取得的这种成果吧。

5岁前的工作

> 是啊，我知道你想做。

> 我要做！

通过"我知道你不喜欢""这样啊"，回应孩子的情绪。

　　幼儿时期的"叛逆"只会出现一次。所以，这段"叛逆期"其实是限定的"黄金时期"。

　　家长们可以在自己的能力范围之内，宽容地接纳孩子的情绪，同孩子一起成长。

4.孩子"不愿自己动手",背后都有原因

孩子也有自己的缘由

有时候,就算大人跟孩子说了"自己换衣服哦""自己收拾干净哦",孩子也往往无动于衷。很多家长都因为孩子不愿意自己动手、不主动完成而感到苦恼。但是,孩子并非无缘无故这样,比如——

- 玩游戏玩得入迷或者沉迷于其他事
- 这件事自己一个人做起来太难了
- 不感兴趣、现在不想干、太累了

怎么样,是不是觉得孩子其实和我们大人一样,都会有提不起劲儿来,什么都不想干的时候?

我们大人有时候也是这样,虽然知道现在必须要把衣服洗了,但就是不太想干;明明知道现在必须要收拾房间,可又想

拖延一会儿……生活中这样的状态并不陌生吧。

孩子不愿意做一件事的理由和心理，其实和大人是一样的。如果自己一点儿也提不起兴趣，没有干劲，但对方却一遍又一遍地催你干这干那，想必即使是大人也会感到烦躁，在心里默默呐喊"烦不烦啊。""我就是不想做啊。"所以，遇到孩子不主动做事时，可以试着换位思考，这样应该可以理解孩子为什么会有这种行为。

接下来，我就为大家介绍几个激发孩子主动性的方法。

❶ 稍微帮孩子一把

比起仅仅指示孩子一句"把鞋穿上"，我们其实更应该先帮孩子把鞋套在脚上，然后对孩子说"往上拉一下"，引导他们去做一个简单、独立的具体行为。大多数孩子在这种情况下都能自己顺利把鞋穿上。父母可以尝试一边观察孩子的成长阶段和状态，一边为孩子制定一套"行动开关"。

❷ 提升孩子对下一步行动的兴趣

另外，家长也可以把孩子的注意力转移到"穿上鞋子之后的事"（外出）上。比如，我们可以问孩子"今天外面会是晴天吗？""今天可以看到火车吗？"之类的问题，而不是简单地对孩子当下应该做什么进行命令，说一句"把鞋穿上"就了事。

将孩子的注意力转移到下一阶段即将发生的事上，能有效提升孩子的自主性和行动效率。

❸ 表达要简单易懂

如果一股脑儿地告诉孩子"几点的时候干这个，干完这个再做那个，然后再把另外一件事完成"，像这样一下子输出太多信息，他们就会搞不懂"现在究竟应该做什么"。

孩子现阶段的大脑只能缓慢且依次地处理信息，因此，家长必须注意组织语言，把①一个、②简单、③易懂的信息传达给孩子。

❹ 告诉孩子"有困难就说"

家长们可能都希望孩子独立完成某件事，但尽管如此，我们也要告诉孩子："如果遇到困难，我会帮你一起做。"

如果父母能告诉孩子"需要帮忙的话就说"，孩子就会放心地自己努力尝试。因为，其实孩子们本质上都是"努力的化身"。

❺ 着急的时候更要告诉孩子"我等你"

希望孩子加快动作的时候，家长们都会想催上一句"快点儿！"。但是，这句话非但不会有任何效果，还会让孩子失去干劲，变得更加散漫。只要告诉孩子"我等你""别着急"，你就

5 岁前的工作

孩子感到放心之后,会越来起愿意努力尝试。

会惊奇地发现,孩子能够更加专注,做事效率也更高了。

❻ 把称赞孩子成就的话说出来

比起一味地指责孩子,不如试着称赞他们已经完成的那些事吧。"这件事已经做完了呢。""那件事也完成一些了呢。"——如果能够听到家长这样的表扬,孩子会更有干劲,在继续完成这件事或做下件事时也会更加积极主动。

第 2 章　在安排工作前，你需要了解孩子

综上所述，家长在与孩子的相处过程中，如果遇到困难不知如何是好，不妨试着与孩子换位思考吧。想想如果换成是自己，对方要怎么说，自己才更愿意付诸行动呢？孩子的心理其实和大人是一样的。

另外，请各位注意，如果孩子产生了"就算我不做，妈妈也会帮我"的想法，就意味着在他们的眼中，所有自己应该干的事都成了别人的责任。这样一来，父母为他们做任何事都是理所应当的；在遇到什么问题时，他们往往也会倾向于责怪父母。

所以，请保持与孩子之间良好愉快的沟通，为他们创造一个更容易独立自主的环境吧。

5. 怎么提醒就是不听，该拿这样的孩子怎么办

孩子并非没有反省

孩子今天又一边吃饭一边玩，把杯子碰翻，水洒了出来。昨天明明说过不要再这样了，但今天还是老样子……

如果反复提醒、反复责备都没有效果，家长们就会忍不住想大声斥责孩子："我不是说了好几遍了吗！""为什么听不懂话啊！"

大人们能够反省自己的失败，并改正自身行为以免重蹈覆辙。所以，当他们发现孩子重复同样的失败时，就会理所当然地认为是孩子"没有好好反省""不知道自己错在哪儿了"，因此会更加严厉地训斥他们，有时甚至会认为"小孩子就是不听话、不懂事"。

但是，孩子年龄越小，就越无法理解自己的行为和已经发生的事之间究竟有什么样的因果关系，他们也很难提前预测二者间的因果关系并避免负面结果的发生。这时的孩子们还不明白"走路不看路，就会摔倒""不用两只手拿着，东西就会掉"之类的道理，因此就会重复犯同一个错误。

所以，要让孩子理解行为与结果之间的因果关系，明白"这样的行动会引发那样的结果"，最佳的办法就是让孩子去亲身体验结果。

很多大人看到孩子把东西弄得一团糟后，会匆匆地收拾干净，一边收拾一边唠叨。但是，这样的做法不会让孩子从经验中学习到什么。

如果孩子把东西弄掉了，就让他们自己捡起来；如果孩子把水弄洒了，就对孩子说"水洒出来了，用这个擦干净吧"，然后引导他们把洒出来的水擦拭干净。这样一来，孩子就能渐渐地理解状况了。

此外，这样做还能教孩子学会失败时应如何采取行动，比如东西掉的时候或水洒出来的时候该怎么办。

把洒出来的东西都擦干净，这对孩子们来说是一件很费劲的事。因此，通过让孩子亲自体验自身行为所带来的结果，能让孩子越来越明确地认识到自己的行为带来了什么影响，从而自然而然就会小心注意起来。

孩子失败时，大人应该注意什么

大人在让孩子自己"收拾残局"时只需要注意一点，那就是不要把"收拾"变为一种惩罚。

如果一边训斥孩子一边让他们收拾，那么这种体验便会成为惩罚，大人的行为也就成了对孩子失败的责备。请记住，"收拾"不是让孩子反省错误的方式，而是帮助孩子成长的好机会。

另外，我们也要注意，即使孩子这次懂了、成功了，也不能保证他们接下来每次都会完美成功。这个道理放到其他情形下也成立。换言之，孩子的成长是一个缓慢的、螺旋式的上升过程。

当你以为孩子已经向前走了一大步时，他们又会东倒西歪甚至倒退……但是，大人眼中的那些退步，实际上也证明了孩子们在不断地慢慢成长。

　　所以，如果过度执着于质问"之前能做到的事，怎么现在又做不到了呢"，就会让孩子感到不安。因此，家长们大可把目光放得更长远一些，用更加广阔的视野去看待孩子的成长，这样就一定能发现，孩子其实在慢慢进步。

5 岁前的工作

6. 摒弃对孩子的先入为主观念，育儿就会变得更轻松

仅靠观察孩子就能实现的惊人效果

在孩子开始"工作"之前，希望家长能够先抛弃"小孩子就是……"的观念。

有些家长可能会认为，小孩子就是什么都不会，小孩子就是什么都不懂，小孩子就是注意力集中不了，小孩子就是不懂事，小孩子就是最喜欢玩玩具……

但是，果真如此吗？

首先，我想请各位家长先抛弃这种先入为主的观念，试着去观察一下自己的孩子。

你的孩子对什么感兴趣？想干的事情是什么？现在正在做什么？

然后，请各位像与一个大人相处那样对待自己的孩子。

- 耐心地解释
- 接受孩子的意见
- 给孩子选择权和自由
- 共同商量、决定事情

这样一来你就会发现，自己之前都没有注意到孩子是如此的坦诚率真，同时会惊讶于他们拥有如此多的能力。

如何消除对孩子的先入为主观念

虽说如此，但是要求家长瞬间消除自己对孩子的固有观念，想必也十分困难。因为家长与孩子朝夕相处，这些观念早已根深蒂固了。

那么，请家长们来尝试一下接下来这项"工作"吧。说是

5岁前的工作

"工作",其实也十分简单,只需要回答 1 个问题就行了。请准备好纸和笔,让我们开始吧。

提问:你的孩子有什么优点?请把自己能想到的都写出来。

怎么样?你写出了几条优点呢?

其实,这个简单的小问题能难倒很多家长。大部分人在回答这个问题的过程中,为了找到孩子的优点,都在拼命地思考自己的孩子到底是个什么样的人。

要找到一个人的优点并非易事,即使这个人是自己的孩子。因为人们往往都倾向于注意到他人的缺点。据说,这是人类在进化过程中演变出来的本能,为了在恶劣的自然环境中生存下去,也为了保护自己和子子孙孙的生命不受威胁,人类需要尽快发现所有事物的弱点和不足之处。我们这些现代人恰恰也继承了祖先的这种性格特点。

话虽是这么说,但是我们作为父母,应该抛开这种对缺点的执着,选择发现并相信孩子身上蕴藏的无限可能性。

第一次的时候,我们可以在纸上把优点写下来,第二次就可以在脑海中回想了。这样一来,在某一个瞬间我们就会发现,

第 2 章　在安排工作前，你需要了解孩子

自己只要想到孩子的优点，就会自然而然地对孩子的缺点释怀，从而能够看到孩子身上更多的优点。

在发现了孩子的优点之后，请记得一定要把这些优点告诉孩子。这样孩子就会明白，爸爸妈妈始终在关注、在乎自己，也就会发自内心地感到高兴和满足，并产生巨大的自信。

5岁前的工作

7.工作,也能改变父母

那一天,我学会了等待

这件事发生在我女儿三岁的时候。那天,她的背影在寒冷的夜空下一动也不动。我等待了一会儿后,终于对弯着腰缩成一团的女儿感到不耐烦,蹲在她身边注视着她的小脸——

她圆滚滚的脸颊看起来鼓足了劲儿,眼神中充满了真挚,冻得冰凉的小手正和外套拉链展开一场"殊死搏斗"。

我心里开始抱怨道:"真是的……为什么是现在?明明在赶时间呢……"

就在短短的几秒内,我的脑海中浮现出了各种催促的话,有好几次都想告诉她"别折腾了!",话甚至都到了嘴边。但是,我还是努力地忍住,并继续等待女儿。我不知道她什么时候能把拉链拉上,但我最大限度地忍着不去催她。

过了一段时间，女儿终于抬起头来，微笑着对我说："拉上了！"

自那时起，我便明白了，孩子并不像我们想的那样，是只会玩玩具的小屁孩儿。他们在靠自己的力量完成一件事的瞬间，会发自内心地感到满足，脸上洋溢着真正的喜悦，这种感情和玩具或游乐园给他们带来的快感截然不同。此时，孩子的笑容缘于他们靠自己动手完成了想做的事，从而内心得到了满足。

而且，在那之前我一直认为，只有"笑"才代表孩子开心。但是，通过这件事我还明白了，孩子表现喜悦的方式其实有很多，他们认真专注、心满意足的表情，往往都传递着喜悦的感情。

通过在一旁观察孩子的表情，以往那种"小孩子就是喜欢磨蹭，动作慢腾腾，让他们做还不如我自己来"的"先入为主"想法也在逐渐消失，取而代之的是"也许孩子也能做到""有时间的时候，尽量让孩子自己来吧"这样的信任。就这样，我的想法发生了翻天覆地的转变。

明白了这个道理之后，我曾无数次惊讶于孩子所拥有的能力并为之感动："原来，认为孩子做不到，其实都是我的固执已见。原来孩子自己也可以做到很多事啊！"

现在回过头想想，当时女儿的那种表情也许成了"路标"，不断指引着我找到了现在这个教育方法，并激励着我坚定地走下去。以前，不管是在网络上搜索，还是参考什么专家意见，我总是不确定自己这种教育方法是否正确有效。但是，眼前这个孩子真挚的眼神、认真的模样以及成功后喜悦的表情，无不给予我肯定的答案，令我充满了自信。

而且，随着教育方式的改变，我的女儿也开始变得更加积极主动，做事更专注也更有韧性了。

专栏 大人的工作

每天都与孩子进行肌肤接触吧

不知各位是否带孩子做过"婴儿按摩"呢?

光看字面意思可能会认为这是专门为"小婴儿"进行的按摩,但我建议,如果孩子还处在幼儿时期,家长们就可以为孩子按摩。虽说是按摩,但无须使用按摩精油,也不必给全身进行细致的按摩,只要能在睡前摸一摸孩子的肌肤、后背就行了。听起来好像微不足道,但真正的效果非常显著。

通过按摩,孩子体内会分泌"幸福荷尔蒙"——催产素,使孩子的压力得到缓解并催生幸福感。除此之外,这种激素还能减少孩子不安定的情绪和恐惧心理,提升他们的学习动力、记忆力等。

随着成长,孩子的思想和感情都会变得更加复杂,此时,家长就不能再用老办法与孩子相处了。断奶后或不需要大人抱之后,父母与孩子之间就慢慢产生了距离。因此,在这个时期,我们更应该采取按摩的方法,增加与孩子之间的身体接触。

在孩子挨骂后哭了很久的某一天,在孩子大哭大闹情绪极度不稳定的某一天,在跟孩子"剑拔弩张"的某一天……父母可能都会烦恼于不知该怎么跟孩子说话,该如何正确地引导孩子。这时候请不要多想,试着将大脑放空,然后去抚摸自己的孩子吧。

碰碰他们软乎乎的小身体,摸摸他们滑溜溜的肌肤……在某一个瞬间,你就会突然意识到,眼前这个孩子,只不过是一个出生没几年的小生命;在某一个时刻,你也会想起自己用双手迎接孩子来到这个世界时的感受——除了孩子的健康,别无他求。

那些无法用语言准确表达出来的感情，有时就可以通过肌肤接触来传递。试一试在睡前给孩子揉一揉肚子吧，只要顺时针方向揉十圈，你就会发现肌肤接触所带来的奇妙效果。这也正是"肌肤接触"这一行为的神奇魔力。

第3章

"工作的魔力",现在立刻就能够施展!

——按照年龄划分,"从基础到进阶"

5 岁前的工作

1. 在开始工作之前

首先,在给孩子安排"工作"之前,家长们需要创造一个良好的环境,具体包括以下三点。

❶ **准备小型工具**

我们最好提前准备一份孩子用起来顺手且小巧轻便的工具。家里有的话最好,如果没有,去路边的杂货店也能很容易买到这种小型工具。抹布等用品剪一半或四分之一给孩子用。提前准备好适合孩子用的工具,那么他们所能做到的事也会变得更多哦。

❷ 把让孩子分心的物品都收起来

孩子能集中注意力的时间很短,一些细微的小事就很容易让他们分心,特别是在孩子视野范围内的东西最能吸引他们的注意力。所以,在正式开始工作之前,我们尽量先把桌上的东西(玩具、笔之类的)都收起来。另外,在孩子工作时,最好把电视或视频关上吧。关于如何让喜欢看电视的孩子专注于工作,我将会在第168页详细讲解。

❸ 提前做好应对失败的准备

孩子把东西洒出来或弄脏的时候,正是他们学习"失败时该怎么办"的大好机会。因此,为了让孩子能快速学会自己收拾、擦拭,我们可以提前准备好毛巾或抹布,还可以在孩子工作的地方先垫上报纸或托盘。这样一来,即使孩子失败了,家长也不会因为要收拾残局而感到心烦意乱。

5岁前的工作

2. 开始实践！工作的4个步骤

孩子的工作主要按照如下顺序进行。等到他们渐渐熟悉后，我们也可以和孩子一起探索原创风格，按照自己的独特方法，尽情地享受工作带来的乐趣。

第 **1** 步
选择、发现工作

孩子对某件事产生兴趣时，也是开始"工作"的绝佳时机；此外，也可以从本书中寻找适合孩子的"工作"。

详见第 80 页

第 **2** 步
做示范

如果想要教孩子完成某件事或使用某样物品的方法，我们大人应该先给孩子做示范。

详见第 82 页

第 3 章 "工作的魔力",现在立刻就能够施展!

> 自己做到了!
> 独立完成了!
> 让孩子带着这样的成就感
> 进入下一步……

第 **4** 步
收拾

只有孩子把后续收拾也做完了,才算真正完成了一次工作。所以,收拾时最好也能以孩子为中心展开。

详见第 84 页

第 **3** 步
静静守候

在孩子工作的过程中,我们不需要给建议或者提醒,只要在一旁静静守候即可……其实这一步对很多家长来说最为困难。

详见第 83 页

第 1 步　选择、发现工作

家长们不仅可以主动给孩子安排工作，还可以把握他们产生兴趣的时机，从孩子感兴趣的事中，找到合适的工作。开始工作的方式有以下3种模型——

❶ 自然型　从孩子主动想做的事出发

当孩子想把大人的工具抢走时，当孩子开始模仿大人时，当孩子直接说道"我想做这个！"时，都是开始工作的好机会。孩子们在这时的干劲最足，所以如果孩子主动提出想要干什么，就尽量满足他们吧。我们可以先对孩子说："想做这个呀？那我给你准备，稍微等一下哦。"然后简单快速地整理出一个适合孩子工作的环境，这样就可以进入下一步了。

❷ 替代型　将孩子任性的行为转变为工作

1岁左右的孩子在吃饭时扔杯勺，是为了学会"扔"这个动作：活动肩膀，弯曲手肘和手腕，用手抬起来，然后松手。他们为了学会这一整套动作，锻炼自己的身体机能，需要不断地进行重复。不过，即便家长们明白这一点，知道孩子这么做是为了学动作，但看到孩子吃饭时乱扔东西，我们还是难免会心烦意乱。

这时候，就该"工作"出马了。我们可以先为孩子准备一些关于"扔"的工作，然后在吃饭时告诉孩子"现在还不能扔哦"，等吃完饭后，再引导孩子通过事先准备的工作来锻炼"扔"的能力。

❸ 邀请型　给孩子推荐工作

如果父母发现了某种工作，觉得孩子一定会喜欢，那么请积极地邀请他们参与进来吧。不过，我们在邀请时需要注意，不能把工作强加给孩子，而是先在他们面前展示大人干某件事时的开心模样。如果孩子对这件事产生了兴趣，好奇地来问"这是在干什么呢？"，此时，大人就可以顺水推舟地说："要试试看吗？"

如果家长在推荐某项工作时，带有强推强加的意识，那么孩子也能轻松看穿大人的心思，从而产生抵触、抗拒心理。

总之，不管想给孩子推荐什么样的工作，请优先考虑孩子的想法吧。如果大人"想让孩子做"的劲头超过了孩子"自己想做"的意愿，那么孩子就会选择逃避。家长积极地邀请孩子参与工作，这件事本身没有问题。只是请务必记得：孩子，才是拥有最终选择权的那个人。

第2步 做示范

在让孩子开始之前，大人应该先做个示范。

这时，我们需要注意两点：慢慢来、少说话。

"慢慢来"之所以重要，是因为我们需要让孩子关注到动作是如何进行的。如果用大人正常的速度来给孩子做示范，他们会因为速度太快而无法理解做法或物品的使用方法。因此，在给孩子示范时，请有意识地放慢速度吧。

另外，我们在示范时还需尽可能地减少语言说明。这是因为，孩子如果用眼睛和耳朵同时接收信息，就会无法集中注意力。所以，在示范时尽量少说话，让孩子把注意力集中在"看"上。

如果有些规则或约定确实很重要，必须要提前告诉孩子，请在给孩子示范后告诉他们。因为孩子一旦开始工作，就会把所有的注意力集中在工作上，什么也听不进去。因此，我们可以给孩子示范完之后，再告诉他们"做这些就好了哦""如果洒了就用这个擦哦""这个很危险，不要碰哦"。

至于那些要用到削皮器或刀具的工作，请等到孩子能够注意看示范并遵守和大人之间的约定之后再开始吧。

第3步　静静守候

孩子在工作时，只要没有遇到危险，我们就不需要出言干涉。

请务必记住，"孩子做错了也没事，失败了也没关系，这反而有助于他们学习！"，避免给出建议、提醒或否定性评价。另外，如果孩子已经开始集中注意力了，家长就要避免和孩子搭话。如果在这时搭话，孩子好不容易集中的注意力又会被分散。即使他们在这个过程中遇到了困难，只要还没有开口求助，我们就可以在一旁静静守候。

其实，对于很多家长来说，这一步在整个工作过程中是最为困难的。大多数情况下，之所以"工作"进展得不顺利，都是因为大人们喜欢提意见或者在旁边不断提醒。

因此，这一点非常考验我们大人的忍耐能力。为了看到孩子靠自己的力量完成工作之后闪闪发光的表情，请努力忍一忍吧。

第4步 收拾

孩子完成工作后，让他们一起来收拾吧。在完成一项工作后，孩子的注意力可能马上就会跑到别的事物上去。这时也尽可能地让他们跟大人一起收拾吧，就算孩子只愿意参与一小部分也可以。

因为事后的收拾也是一项很重要的工作，能够培养孩子"自己的事自己负责"的能力和收拾的习惯。

很多家长都会苦恼于"我们家孩子就是不愿意收拾"，其中一大部分家长更是在无意识中自己替孩子全收拾了。所以，为了避免孩子今后理所当然地认为"收拾就是大人的活儿"，请邀请孩子一起来完成工作的最后一步吧。

3. 各年龄段孩子　实践中的注意事项

各年龄段孩子
实践中的
注意事项

0岁

0岁是这样的时期！

这个年龄段的孩子看似很少自主地活动，但实际上对很多事物都抱有兴趣。在这个时期，他们会利用五感去接收各种各样的信息。有些大人可能会认为，只要孩子醒了就必须陪着他们玩，但实则不然。小婴儿们会利用视觉和听觉去接触身边的事物，自己不断学习，而且对各种事物都会产生兴趣。

工作时的注意事项

在这个时期，能够让孩子充分地利用视觉、听觉、嗅觉、触觉去感知日常生活中的各种事物，就已经是很好的工作了。所以，家长可以在能力范围之内让孩子试试这类工作。

5 岁前的工作

各年龄段孩子
实践中的注意事项

1岁

1岁是这样的时期!

　　这个时期的孩子会非常好动。他们通过体验各种动作——特别是幅度大的动作——让肢体变得更加灵活。而且,这个年龄的孩子无论看见什么都会伸手摸一摸,会拿着东西走来走去,还会把东西撒得满地都是。这些行为乍一看像是在捣乱,实则对孩子的成长来说十分重要。

　　所以,当孩子到了这个时期,我们可以把孩子从婴儿车上抱下来,跟他们一起走走路,或者陪他们上上下下地爬楼梯。总之,在"工作"之外也要积极地给孩子创造一些活动身体的机会。

工作时的注意事项

大人示范时，孩子可能会跑来跑去而不认真看，又或者是即使看了，也没有按照大人教的那样完成。这时，我们就可以手把手地教孩子去做。在教授的过程中，可以多使用一些拟声、拟态词，例如"咚咚咚""哗啦啦""咕噜咕噜""嘿咻嘿咻"等，这样就会让整个示范的过程变得更加有趣。

另外，当这个年龄段的孩子集中注意力工作时，请注意不要搭话打扰他们，我们只需在一旁默默守候即可。如果孩子能够在这个时期培养起良好的集中注意力的能力，今后就会更久、更深入地集中注意力了。

推荐的工作

- 触摸食材 ➡ 见第100页
- 挤海绵 ➡ 见第124页
- 玩接毛巾球游戏 ➡ 见第148页

5岁前的工作

各年龄段孩子 实践中的 注意事项

2岁

2岁是这样的时期！

2岁，也被称为孩子的"黄金时期"。

在此期间，他们想要自己做的欲望会越发强烈，精力也会越发旺盛，呈现出飞快的成长速度。

所以，如果孩子有想干的事，我们就可以为他们示范，告诉孩子该怎么做，尽情地提供挑战的机会。这样一来，过段时间后，我们便可以发现，孩子竟然变得这么能干了。

这个阶段也是孩子整个幼儿时期干劲最足的时期，所以，如果家长想让孩子愉快地通过日常生活学会独立，请务必抓住这个好机会。

工作时的注意事项

我认为这个时期的工作过程中最重要的是"让孩子从头到尾一个人完成"。家长在一旁看着，如果觉得孩子好像遇到困难了，需要帮助，只要问一问孩子"要不要帮忙"就可以了。

孩子遇到困难、进展不顺利时，可能会气得把手中的东西都扔掉，但这种行动恰恰体现出孩子是想要好好完成的。所以，家长在这种情况下并不需要慌忙出手相助或者唠叨几句，只需要温柔地鼓励孩子说"很不甘心吧""多做几次应该就会成功了"，并放平心态在一旁守候。

推荐的工作

- 打蛋液 ➡ 见第102页
- 给植物浇水 ➡ 见第132页
- 毛巾平衡木 ➡ 见第157页

5岁前的工作

各年龄段孩子
实践中的注意事项

3岁

3岁是这样的时期！

3岁的孩子在日常生活中能独立完成的事会越来越多，比如自己洗脸刷牙、穿鞋等。

而且孩子的手指也会变得更灵巧，能活动大拇指、食指、中指来拿笔写字或用剪刀，还可以学会用筷子吃饭。

同样，这个年龄的孩子仍然会产生"要自己来""什么都要自己做"的想法，因此家长如果能够重视为孩子积累成功经验，多通过日常生活让他们体验"自己做到啦！"的快乐，就可以为孩子开启一扇扇新的大门。

工作时的注意事项

3岁孩子集中注意力的能力和思维水平都会有所提升，工作起来能够不紧不慢、脚踏实地。

如果给孩子做了示范，但他们还是学不会或不照做，很多家长可能就会感到有些不耐烦。不过，孩子不照做也许是因为他们有自己的想法或创意，想按照自己的做法来，并愿意尝试各种不同的方式。所以，此时我们不需要插手或插嘴干涉，强迫孩子一定要按照我们教的方法进行，而应该放平心态，以一种兴趣盎然的态度去看待孩子的想法或创意。这样一来，孩子集中注意力的能力和思维水平也会得到进一步提升。

推荐的工作

- 用削皮器削皮 ➜ 见第114页
- 削铅笔 ➜ 见第142页
- 抓尾巴游戏 ➜ 见第157页

5岁前的工作

各年龄段孩子
实践中的注意事项

4岁

4岁是这样的时期！

4岁孩子的理解和认知能力都会上一个台阶，想象力也更加丰富。有人用"4岁就像一道墙"来形容这个时期，也就是说，这个年龄段的孩子会撒谎，好胜心很强，不顺心了就大喊大叫，被命令了会反抗闹别扭……总之，我们会遇到许多其他年龄阶段不曾出现的新问题。同时，4岁的孩子在做某件事时，还会因为自己脑海中联想的画面和现实不一致而变得情绪化。但是，这也恰恰证明他们的内心世界正在飞速成长。

所以，此时家长应该避免一有问题便不分青红皂白把孩子骂一顿，而是要耐心地听孩子的解释，并鼓励他们用其他方法尝试。

工作时的注意事项

这个年纪的孩子能够客观地认识到自己是集体的一部分，从而产生"朋友会，我却不会""我不擅长这个"之类的意识。

如果此时强迫孩子练习他们不擅长的事，那么孩子只会感到更加厌烦。因此，先让孩子从做让自己感到有趣的工作开始吧。让孩子多次体验"开心→成功了"的过程，从而让他们对于那些自己不擅长的事，产生"试试看"的想法。在让孩子尝试他们不擅长的事之前，请注意一定要将难度降到最低，让孩子从"初级难度"开始尝试。等到他们积累了许多成功经验从而获得自信之后，再慢慢增加难度，让孩子进一步挑战吧。

推荐的工作

- 淘米 ➔ 见第116页
- 用扫帚扫地 ➔ 见第142页
- 玩手推车游戏 ➔ 见第159页

5岁前的工作

各年龄段孩子
实践中的注意事项

5岁

5岁是这样的时期！

对于5岁的孩子来说，日常生活中大部分的事都不在话下了。在这个时期，他们还会理解星期、时间的概念，对文字、数字等世界上各种各样的事物产生兴趣。

同时，他们也能够进行一些逻辑思考和判断，智力水平会迅速地增长。因此，即使我们给孩子下达一些复杂的指示，他们也能够逐渐完成。此外，5岁的孩子和朋友一起玩耍时还会制定游戏规则；在与人交往的过程中，他们也能够站在对方的立场上，试着体会对方的心情。

工作时的注意事项

这时的孩子和2岁时比起来,已经没有那种发自内心"想做某件事"的强烈意愿了。所以,对于父母安排的工作,他们可能还会说"好麻烦""那不是妈妈该干的吗"之类的话。但是,即便如此,他们仍然会因为"让家人感到高兴"或"自己发挥了作用"而收获成就感、感到快乐并产生自信。所以,孩子完成工作时,请记得对他们说一句"谢谢!帮了我大忙了!太好了!",用语言来褒奖孩子吧。另外,我们也不必要求孩子什么都得按照大人的示范来做,把孩子束缚在固定做法中。此时,家长可以尽量尊重孩子的想法,问一问孩子"你觉得怎么做比较好?""你有什么好方法吗?",从而引导他们发挥创意。这样一来,孩子也会变得越来越有干劲,逐步学会自主思考并采取行动。

推荐的工作

- 榨果汁 ➡ 见第121页
- 摆盘 ➡ 见第122页
- 玩推手游戏 ➡ 见第158页

那么，让我们正式开始吧。

久等了！从下一页开始，
我将为大家介绍各种工作的具体做法。
接下来将会提到的"工作"
主要分为以下四大类——

通过厨房里的工作，多方面刺激五个感官

从第 97 页开始

通过日常生活中的工作，学会自己的事自己做

从第 123 页开始

通过运动类工作，培养适合学习的身体

从第 147 页开始

通过数字和语言类工作，进一步学习

从第 161 页开始

选择孩子感兴趣的事或喜欢的工作，
和他们一同享受这个过程带来的乐趣吧。

【写给 0 岁孩子的父母】
如果孩子此时已经可以自己坐着了，那么视野范围也会变宽且能使用双手。这时，便可以让孩子做一些适合 0 岁孩子的工作。家长可以关注孩子的成长阶段，带着孩子做一些书中标注有"0岁也适用"的工作。

通过厨房里的工作，
多方面刺激五个感官

厨房里藏着许多刺激孩子五感的要素。
比如蔬菜的颜色或形状、饭菜的香味……
孩子仅靠玩具无法达到"五感全开"的状态。
饮食使人能够生存。
所以通过这类工作，孩子们也能培养一些生存技能。

1岁~ 捏碎 （0岁也适用）

刚开始的时候推荐使用豆腐。

重点

在让孩子学习控制自己的力量前，先让他们试着使出全力吧。

需要事先准备

塑料袋＋肉馅、豆腐、鱼肉山芋泥等可以捏碎的食材

做法

让孩子试着把塑料袋里的食材都捏碎吧。捏碎后的食材可以用来煎豆腐饼或鱼肉山芋饼。"捏碎"这个动作的要领是先张开手，再把手握紧——就像重复"布"和"石头"这两个手势一样。因为这个动作非常简单，所以我相信即使是很小的孩子也可以做到。

如果孩子已经2岁多了，或者已经能遵守与父母之间的约定，不必担心他们会把食材放到嘴里，也可以让他们直接触摸食材，这同样是一种刺激触觉的最佳方法。

1岁~

看 _{0岁也适用}

需要事先准备

无

做法

其实让孩子仅仅在旁边观看，也是一项很棒的工作。

在做饭的时候，家长可以给孩子"现场直播"，让他们在一旁看大人正在做什么。

我们可以时不时跟孩子说"我正在洗萝卜哦""这个萝卜看起来真好吃啊，你看"，像这样给孩子展示食材，告诉孩子自己现在具体在做的事。这样一来，孩子可以边听边看，不断地学习。在这一过程中，他们渐渐也会产生自己动手尝试的想法。

1岁~

用勺子舀

需要事先准备

勺子+报纸+比较深的容器

做法

把报纸团成一个个小球，然后让孩子用勺子把小球从这个容器舀到另一个容器中，此时使用的容器最好有一定的深度。

如果孩子还不太会用勺子，那么用手也没有问题。通过"抓住球，然后放开"这一套连续的动作，他们的手指会变得更加灵活。在做饭时，如果我们能给孩子示范如何使用勺子，他们也会想跟着学一学。

99

1岁~

触摸食材 〔0岁也适用〕

需要事先准备

蔬菜、水果等各种食材

做法

不同食材有着不同的手感，这些独特的触感能够刺激孩子的大脑，比如圆滚滚的土豆、大大的南瓜、小小的葡萄、坑坑洼洼的黄瓜、水润润的带叶蔬菜、又凉又重的白萝卜……家长只需要让孩子去触摸即可，所以这其实是一项非常轻松的工作。我们只需要利用从超市买完菜回来到把菜放进冰箱的这几分钟，就可以让孩子完成这项触感体验了。

1岁~

洗菜

需要事先准备

小盆或小桶+红薯、土豆之类的蔬菜

做法

这份工作很适合爱玩水的孩子。他们可以一边用手在水里尽情感受，一边洗蔬菜，这对孩子来说是一件很快乐的事。如果孩子喜欢一直开着水龙头玩，我们可以提前给孩子准备一个小盆或小桶，往里面接好水，然后让孩子用盆或桶里的水来洗。如果有条件，还可以给孩子一把小刷子，来刷洗牛蒡或土豆等根茎类蔬菜，这样孩子也会非常高兴。

1岁~
撕碎海苔

需要事先准备

海苔 + 容器

做法

　　这项工作的内容是让孩子把海苔撕碎，撕好的海苔碎可以用来做饭团或者紫菜盐。

　　家长在给孩子做示范时，比起用手把海苔"撕成两半"，更好的示范动作是用指尖把海苔"撕成碎片"。"撕碎"这个动作需要指尖发力，这对于孩子今后学习拉拉链、系纽扣都十分有帮助。而且，海苔碎可以给饭菜增添独特的香味，大家一起享用美味也很不错哦。

1岁~
移动厨具 （0岁也适用）

需要事先准备

为孩子空出的橱柜、厨具

做法

　　孩子在父母做饭的时候哭闹，想必一定是件很让人头疼的事吧。如果孩子总是这样，我们就可以在厨房里为孩子腾出一个橱柜，里面放上一些不常用的汤勺、小锅、小碗等，然后让他们自由地触摸。孩子一定会爱上这项把厨具拿进拿出的工作。

　　而且，金属材质的勺子等厨具、木制的捣杵、硅胶材质的刮刀等不同物体不同的形状和温度，也会给孩子带来视觉、触觉上的强烈感受。

2岁~
打蛋液

注意！

如果孩子对鸡蛋过敏，一接触便可能出现过敏症状，请家长留意。

需要事先准备

碗＋鸡蛋＋打蛋器

做法

　　这项工作需要孩子用打蛋器把碗里的蛋液打散。

　　在进行过程中，家长需要注意，如果孩子还无法很好地活动手腕，他们可能会用肩膀带动手臂，通过大幅度的动作来转动打蛋器，此时最好给孩子准备一个大一点儿的碗，并且在碗下面垫上抹布以防孩子把碗碰倒，把蛋液洒得到处都是。

　　做曲奇饼干、薄煎饼、什锦烧（日式煎饼）……这些时候都会需要蛋液，此时就把这项工作交给孩子来完成吧。

2岁~

化开酱料

需要事先准备

容器 + 搅拌器 + 酱料 + 高汤

做法

　　将酱料放到大碗里，然后倒上放凉的高汤，让孩子用搅拌器化开即可。化开的酱料可以用保鲜膜封起来，用于第二天早上煲汤，这样就能省去早上的准备时间，也就不需要因为时间紧迫而不停地催促孩子了。一家人坐在一起，享用孩子自己化开的酱料熬出来的汤，也是一件十分愉快的事。早上的许多准备工作也许都会因此而进展得更加顺利。

2岁~

拌匀

需要事先准备

较深的容器 + 勺子 + 食材

做法

　　这项工作的内容是由上至下将碗里所有的食材翻拌均匀。如果孩子无法很好地控制力量，食材可能就会从碗里掉出来或者拌得不均匀，所以，这项工作还是有些难度的。不过正是因为稍微有些难度，孩子才会燃起更强烈的斗志。

　　此时，家长需要注意，尽量为孩子准备一个比较深的容器，而且如果是孩子第一次尝试，就在碗里放少量食材即可。

2岁~
敲打

需要事先准备

黄瓜 + 塑料袋 + 捣杵等棒状的厨具

做法

这项工作是让孩子利用捣杵等工具，敲打装在塑料袋中的黄瓜。"敲打"这个动作可以锻炼孩子的肩膀和手肘，但是在日常生活中，如果家长发现孩子在敲敲打打，一般都会提醒孩子不要这样或者直接制止。因此，孩子在生活中其实很难体验到"敲打"动作。对孩子来说，"拍黄瓜"其实比我们想象得要困难，所以家长可以提前在下面铺上毛巾，再让孩子开始敲打。

2岁~
给瓜果蔬菜去蒂或去籽

需要事先准备

蔬果 + 放蒂或籽的容器

做法

家长在给孩子做示范时，可以提前跟孩子约定好"取下来的蒂或者籽放在这个碗里""手脏了的话就用这个擦一下"。如果孩子无法很好地控制力量，可能会不小心破坏蔬果本身或把籽弄得到处都是。不过，正是有了这种经验，孩子们接下来才会越做越好。我们可以先让孩子挑战一下给小番茄、草莓等去蒂或者给青椒、南瓜去籽。

2岁~
给蔬菜脱水

需要事先准备

蔬菜脱水器 + 食材

做法

　　这项工作主要是让孩子转动蔬菜脱水器的把手。"转动"这一动作会用到手腕，在日常生活中，孩子经常会碰到需要转动手腕来做的事，比如转门把手、系扣子、解扣子等。但是，孩子在生活中体验这一动作的机会实际上也很少。

　　所以，他们之所以看到脚踏车的踏板就想拿着转，是因为想做"转"这个动作。那么，就通过转动把手来给蔬菜脱水这项工作，让他们"转"个尽兴吧！

2岁~
给面包涂果酱

需要事先准备

在碗里放上少量果酱（够给一片面包涂）+ 抹酱刀 + 面包

做法

　　我们示范完后，就让孩子自己来尝试吧。他们一定会兴致勃勃地给自己的面包涂果酱。家长们也可以提前为孩子把面包片切成四分之一大小。

　　如果我们把整瓶果酱都给孩子，他们可能会一下涂很多。因此，刚开始让孩子做这项工作时，把仅够涂一片面包的果酱放到小碟子里给孩子用吧。"用多少，给多少"——这条准则在介绍接下来的其他工作时也会提及。

2岁~
给蔬菜水果剥皮或壳

需要事先准备

洋葱、带壳玉米、橘子、香蕉、蚕豆等＋放壳/皮的容器

做法

　　孩子拿笔写字需要指尖的力量，这项工作就非常适合锻炼这种力量，因为剥皮时需要指尖发力。而且在这个过程中，孩子会仔细地盯着食材，然后将壳或皮一片一片地剥下来，最终他们就会获得一颗滑溜溜的洋葱、一根长满长须的玉米或者一只散发着酸甜清香的橘子，这样一来感官也可以得到充分刺激。

　　除了上面这些蔬果，我们也可以用生菜、卷心菜等带叶蔬菜，白玉菇或金针菇也是不错的选择。对于剥下来的皮或留下的蔬菜根茎，也可以涂上颜料来制作蔬菜图鉴哦。

重点

让孩子把剥下来的皮/壳放到容器中即可。如果给孩子准备的是垃圾袋,那么孩子扔进去可能会比较困难,这样也会导致他们分心。因此,请务必给孩子准备一个容器(或小碟子)。

厨房

日常

运动

数字和语言

2岁~
倒水

需要事先准备

2个杯子或1个保温壶/冷水壶和1个杯子＋抹布＋托盘

做法

　　那些故意把汤汤水水洒出来或者总喜欢倒来倒去的孩子肯定会爱上这项工作！我们可以先往一个容器中倒一半的水，然后让孩子将这一半水倒至另一个空容器中。在这个过程中，孩子很可能会把水洒出来，所以，我们可以提前垫上托盘，让孩子在托盘上完成这项工作。通过这项体验，孩子们在餐桌上的恶作剧行为就会减少，不仅如此，他们还能学会自己倒水喝。

　　我也建议家长在杯子上贴一条胶布，来告诉孩子"倒到这条线就好"。这样一来，还能培养他们集中注意力的能力。此外，家长们还可以提前准备好抹布，当孩子把水洒到桌上或托盘上时，让他们学着自己擦拭。

厨房

日常

运动

数字和语言

重点

　　一开始,孩子们可能会不懂得要"适量",会把水倒得漫出来。不过,随着反复练习,他们也会变得越来越熟练,能够自行调节加水量。所以,即使孩子一开始做不好,家长也要忍住上前帮忙的冲动,在一旁静静地守候即可。

2岁~
用模具定型

重点
做曲奇饼干或者玩黏土游戏时,都可以进行这项体验哦!

需要事先准备
切片芝士或火腿、蔬菜+模具

做法
　　这项工作的内容是让孩子用模具给切片芝士、火腿片、切薄的萝卜片等定型。

　　在工作过程中,孩子需要将模具放到食材的正中央,然后用手掌压住模具,利用体重从上往下施加力量,完成后再轻轻将食材从模具中取出。孩子通过这一过程能够学会如何控制力量。

　　模具用起来比刀更安全,因此家长在一旁守候时也可以更放心。我十分建议刚开始参与做菜过程的孩子做这项工作。

通过日常生活中的工作,学会自己的事自己做

2岁~
切片

需要事先准备

熟鸡蛋 + 鸡蛋切片器 或 苹果 + 苹果切片器

做法

在这项工作中,家长只需要为孩子准备一个用手向下压就能切片的安全小工具,让孩子们给鸡蛋或者苹果切片。切好的鸡蛋既可以用来拌沙拉,也可以做冷面码,还能做三明治,就算是直接吃也非常美味。苹果同样也能切好直接吃。孩子们成功后,一定会收获巨大的成就感和快乐。

2岁~
做比萨

需要事先准备

吐司 + 比萨酱 + 喜欢的配料

做法

在吐司面包表面挤上番茄酱或比萨酱料,然后让孩子码上自己喜欢的配料吧。这是一款孩子们也能制作的简单食谱。除了吐司,也可以用饺子皮来做比萨面饼。

在饺子皮上放些配料,再用家用电烤盘烤制一下就能吃了,即使是很小的孩子,也能完成这项工作。这道菜作为大人们的下酒菜也再适合不过了。

2岁~
用餐叉或水果叉

需要事先准备

餐叉或水果叉+肉、小香肠、小番茄等

做法

　　如果想让肉质更加细嫩，可以让孩子试着用餐叉来扎一扎肉哦。如果给孩子准备的是小香肠或小番茄，更推荐使用水果叉。用来扎的食材体积越小，难度系数就越高。此时，需要孩子完成一套"手眼合作的动作"。我们在准备便当时，也可以让孩子用水果叉来帮我们把食材放进饭盒里，这样一起合作装便当，一定会成为愉快的经验。

2岁~
捣芝麻

需要事先准备

捣臼+捣杵+芝麻+托盘

做法

　　在捣芝麻的时候，"嘎吱嘎吱"碎裂的声音会刺激孩子的听觉，经由捣杵传来的"嘎吱嘎吱"的手感会刺激孩子的触觉，芝麻的阵阵香气还会刺激孩子的嗅觉……总之，这是一项能够全方位刺激孩子五感的工作。而且，孩子拿着捣杵研磨也能锻炼到手腕力量，对于今后练习用勺子或握笔写字，都会有很大的帮助。为了避免将芝麻撒得到处都是，可以垫上托盘。另外，请记得控制好芝麻的量，只需提前在捣臼里放好这次需要孩子捣的芝麻即可。

2岁~
用勺子舀

需要事先准备

勺子＋大碗等容器＋咖啡豆、白砂糖等

做法

　　这项工作是让孩子把调味料等颗粒物用勺子舀到另一个容器中，可以在做饭时拜托孩子来做，或者当盒里的调味料用完时，让他们来完成补充调料的工作。我曾经会先把咖啡豆或白砂糖从袋里倒入大碗，再让孩子用勺子舀到专门存放这些物品的容器里。如果孩子通过这项工作，能够熟练掌握用勺子的方法，那么他们在吃饭时用勺子也就不在话下了。

2岁~
用黄油刀切

需要事先准备

香蕉等食物＋黄油刀

做法

　　在吃香蕉前，先让孩子来切一切吧。

　　把香蕉剥皮，放到盘子里，然后让他们用黄油刀来切。切好的香蕉可以用牙签或水果叉来叉着吃。这项工作看似不值一提，但实际上能让孩子感到无比满足。除了香蕉，我们还可以选择其他能用黄油刀切的柔软食材。如果孩子用起黄油刀来得心应手，那么在他们真正拿刀切菜时，我们也可以更放心地在一旁守候了。

3岁~

用削皮器削皮

需要事先准备

小型削皮器 + 黄瓜、胡萝卜、白萝卜等蔬菜 + 砧板

做法

　　给孩子准备一个用起来顺手的削皮器吧。那些适合大人用但体积相对较小的削皮器，也许会比专门设计给孩子的削皮器用起来更加顺手。孩子如果太过入迷，可能会一直削个不停。如果遇到这样的情况，我们可以把孩子用削皮器削下来的食材和肉一起涮火锅吃，也可以做沙拉。这样一来，即使他们用削皮器削下来一大堆，也能瞬间一扫而光。

　　通过这项工作，孩子们还能学会慎重使用危险工具，自行判断并决定从哪个位置开始削更加合适。

重点

我们可以提前把黄瓜或胡萝卜竖着对半切,把切面朝下放在砧板上,这样削的时候食材就不会乱滚动,孩子削起来更容易,家长在一旁也能更放心。

3岁~

淘米

需要事先准备

米 + 淘米笊 + 大盆

做法

把淘米笊叠放到大盆里,然后在笊中倒上米和水后,就可以让孩子来淘米了。淘米这项工作的难点在于,淘好米后把水倒掉时,很容易把米也一起倒出来。所以,如果我们用淘米笊来淘米,只需要把笊拿起来,水就自然而然地漏下去了。即使是年龄很小的孩子也能完成这项简单的工作。

淘米水还能用来去油污或擦拭东西(但不能长期储存)。这种淘米水里并没有什么有害成分,所以也可以让孩子帮忙用它擦一擦厨房里的器具或冰箱。擦好之后,所有东西都会焕然一新,我的女儿也十分喜爱这项工作!

我们也可以让孩子从用量杯舀大米这一步开始做，但淘米箩和盆需要家长事先叠放好。

放上水之后，就让孩子尽情地淘米吧。

> **重点**
>
> 　　孩子们会非常喜欢大米的颗粒感。如果孩子还没到3岁，让他们用大米来玩一玩触感游戏，也是一个不错的选择。

3岁~
擦桌子

注意！

因为孩子用喷雾器的时候可能会喷到脸，所以瓶内必须装的是干净的水（不能放清洁剂）。

需要事先准备

抹布+喷雾器

做法

饭前饭后，我们都可以让孩子来帮忙擦一擦桌子。既可以直接把湿抹布给孩子，也可以让孩子将抹布配合喷雾器一起使用！教他们先用喷雾器把抹布喷湿，然后用它来擦桌子。如果家长只告诉他们"把桌子擦干净哦"，可能会太过抽象，孩子也许无法理解擦到什么程度才算干净。因此，大人可以更形象具体地表达，比如"把脏东西和垃圾全都消灭"。喷雾器除了擦桌子时可以使用，还能用来擦窗户或植物叶子。所以，若是给孩子准备一个小型喷雾器就更好了。

3岁~

用海苔卷着吃

需要事先准备

海苔 + 米饭

做法

"日式三餐"的一大特点便是，就算没有什么菜，光用海苔卷米饭吃也足够美味。

只需要把米饭放在海苔上，然后卷起来，就能直接吃了。

如果没卷好，米饭就会从旁边漏出来。所以，如何控制自己的力量以及放多少米饭才可以卷，都是难点所在。让我们的孩子来挑战一下吧！

3岁~

盛饭

需要事先准备

饭勺 + 米饭 + 饭碗

做法

让孩子用饭勺将米饭从电饭煲里盛至自己的碗中吧。在这一过程中，孩子不仅能学会遵守"不能用手摸"的承诺，还会明白怎么做才能不烫到自己。因此，对今后学习用火也会有很大的帮助。

自己吃多少就盛多少——这也是一个学习重点。让孩子通过练习来把握自己的饭量。

3岁~
定型

需要事先准备
汉堡肉饼的馅料、用来做糯米团子的面团

做法
对于小孩子来说，用整个手掌来搓团子是一件非常困难的事，所以孩子做不好很正常，这才是孩子的可爱之处。而且奇形怪状的汉堡肉饼，也会成为餐桌上的一大乐趣哦。

捏饭团时使用手部力量的方式和搓团子略有不同，不过这两种工作我都很推荐孩子们尝试一下。我们可以让孩子手里沾些盐，然后把适合他们手掌大小的米饭放到孩子手中。一起体验捏饭团的乐趣吧。

3岁~
洗杯子

需要事先准备
海绵（百洁布）+杯子+桶

做法
我们可以把海绵切小块给孩子用。既可以让他们直接用水洗，也可以准备对孩子无害的肥皂或无添加剂的洗涤用品。由于孩子在这个过程中很可能会把衣服弄湿，所以家长可以先做好心理准备，或者直接让孩子在洗澡前体验这项工作。如果他们在洗杯子时会浪费很多水，那么我们可以事先把需要用的水接到桶里，然后告诉孩子"就用这里面的水洗"。要是担心孩子洗不干净，可以在孩子看不到的地方，再快速地冲洗一下。

3岁~

摆餐具

需要事先准备

汤勺、小盘子等

做法

　　饭前，让孩子把餐具摆到桌上吧。关于用餐的过程一切都十分重要，我们不可能随便把餐具之类的往桌上一扔，吃完再马马虎虎地收拾一下。所以，让孩子按照用餐的人数来分餐具，并提前告诉他们"一人一个就可以了"或"一人分两个"。日常生活中的小事也可以像这样用来教孩子数数。另外，记得吃完饭后也可以让孩子自己来收拾。

3岁~

榨果汁

需要事先准备

橘子+手动榨汁机

做法

　　把橘子切一半，然后和孩子一起榨果汁吧。
　　这个过程需要孩子一点点使用手腕的力量，把果汁挤出来。
　　橘子鲜艳的橙黄色、清新的柑橘香气、酸酸甜甜的味道都会刺激孩子的五感。而且，剩下的橘子皮还能用来擦洗水槽，会把水槽擦得闪闪发亮、焕然一新！榨出来的果汁也可以用来做橘子果冻。

通过日常生活中的工作，学会自己的事自己做

3岁~
摆盘

需要事先准备

V形夹 + 容器 + 沙拉等

做法

　　如果家中备有V形夹，那么这项工作做起来会更容易。这种夹子很安全，而且用这类夹子时手部动作类似于使用剪刀、筷子的动作。所以，如果能让孩子从小进行练习，那么会对他们今后有很大的帮助。街边小杂货铺卖的那种夹方糖用的糖夹就很适合给孩子用。让他们拿着这种小夹子来摆盘吧。很多孩子可能只在玩过家家时有过类似体验，所以当他们真正干这种工作的时候，一定开心极了。

3岁~
剥蛋壳

需要事先准备

煮鸡蛋 + 放鸡蛋壳的容器

做法

　　让孩子一边感受鸡蛋壳边缘尖锐的触感，一边剥壳，剥着剥着，他们的手中就出现了一个白白净净的鸡蛋。这个过程会给孩子们带来很大的成就感。而且，因为剥壳时也要用到指尖，所以他们也能学会控制自己的力量。

　　另外，孩子们在剥鸡蛋时还会产生求知欲，会好奇地问："鸡蛋是什么呀？""这是从哪里来的呀？"如果孩子剥完的鸡蛋上还留有细小的壳，可以稍微用水冲一下。

通过日常生活中的工作，学会自己的事自己做

日常生活中的所有事都能成为孩子的工作，
比如"擤鼻涕""搬东西"等。
孩子想做的时候，就让他们自己来吧。
这样他们就会变得越来越能干。
即使是本书中没有提到的工作，只要是日常生活中孩子需要的，
那么请大胆地教他们做吧。
思考该为孩子安排什么样的工作，对大人来说也是一个非常有趣的过程。

1岁~
挤海绵

把海绵放到装有水的碗里。

再把海绵里的水挤到空碗里。

重点
如果担心孩子弄得到处都是水,那么可以选择在浴室等令家长放心的环境中进行。

需要事先准备
2个碗 + 小块的海绵 + 抹布

做法
先在一个碗里倒上水,然后把海绵放到这个碗里;再将吸了水的海绵拿起来,在空碗的上方用力一挤,将海绵里的水都挤出来。吸满水的海绵有一种舒服的触感,一下子把水挤出来时那种快感也会让孩子开心地欲罢不能。爱玩水的孩子在这种时候会受到全方位的感官刺激,由此感到无比快乐。与其禁止孩子玩水,倒不如给他们机会玩个尽兴,这样不仅能培养孩子的各种能力,还能引导其集中注意力。

1岁~

合作完成 （0岁也适用）

适合什么时候做

换衣服、换尿布时

做法

　　大家在为孩子换尿布时，有没有试过让孩子自己把腰抬起来呢？其实，孩子在听到大人说"要换尿布咯""穿裤子吧"之类的话时，可以自己把腰或者腿抬起来，从而让大人做起来更方便。即使他们自己无法独立做到，也愿意和大人"合作完成"。在孩子学会自己动手前，这样的合作经验非常重要。所以，我们可以有意识地在做什么事之前，试着对孩子说一句"一起来……"，邀请他们来合作完成。

1岁~

贴魔术贴 （0岁也适用）

需要事先准备

鞋子等

做法

　　魔术贴在贴上后会牢牢地粘住，在撕开时又会发出"刺啦刺啦"的响声，所以孩子们都很喜欢玩这个。这项工作的内容就是让孩子体验粘上和撕开魔术贴时的感觉。

　　帮孩子穿上鞋之后，我们就可以跟他们说"自己粘上吧"，让孩子亲自动手，把魔术贴粘好吧。

　　这样的"工作"也会为孩子今后"自己穿鞋"打下基础。

厨房

日常

运动

数字和语言

125

1岁~
把要洗的衣服放到洗衣篮里

重点

我们不需要规定什么事到什么年龄才能做，"这件事上幼儿园了再做吧""那件事上小学了再做吧"之类的想法都没有必要。在孩子愿意干、喜欢干的时候，家长就可以给他们工作的机会。这样一来，孩子们就自然而然地习得各种能力。

适合什么时候做

外出回家时

做法

外出回家后，我们可以让孩子把用过的手帕、毛巾、抹布或脱下的袜子等分别放到各自的洗衣篮里。这项工作并不需要花太长的时间，几乎一瞬间就能完成。对于那些好动的孩子来说，他们不仅不会觉得麻烦，反而会觉得有趣，十分乐意去做。孩子学会走路后（大概1岁以后），就可以让孩子尝试这类简单的工作了。

1岁~

洗手

需要事先准备

2个盆＋肥皂

做法

先在2个盆里都接好水。一个盆里的水是用肥皂洗手时用的，另一个盆则用来洗掉手上的泡沫，也就是说一个用来清洗污渍，一个用来洗涤泡沫。或者也可以洗好手后直接把盆里的脏水倒掉，然后重新倒上水壶里干净的水。由于此时"洗手"这个行为同时也是孩子的工作，因此我们可以尽可能地放慢速度，让孩子洗个尽兴。如果身边没有人催促或制止，孩子们就可以通过尽情地洗手，使自己的五感得到充分的刺激。

1岁~

搅动洗澡水

适合什么时候做

洗澡时

做法

这一工作的内容是让孩子搅动浴缸里的洗澡水。在搅动的时候，如果孩子除了肩膀和手肘，还能用到手腕就更好了。锻炼手腕的灵活性和柔韧性，对孩子今后学写字也有帮助。

如果孩子正处在非常喜欢玩水的年龄，那么一定也会爱上这项工作吧。要是搅动浴缸中的洗澡水对孩子来说已经是小菜一碟了，可以换成水桶进一步挑战。此时的搅动需要孩子的手像画圆一样转动，因此也能帮助孩子练习更加细致的手部动作。

1岁~
容器盖子的开合

重点

如果孩子屡屡失败，恰恰证明了他们在不断试错。所以，除非孩子自己发出了求助信号，否则家长们就在一旁静静地守候吧。

需要事先准备

塑料瓶、其他瓶子、饭盒等空容器

做法

如果有一个容器，只要打开盖子，里面就会出现自己最喜欢吃的饭菜、面包、零食或果汁，那么打开盖子这个动作就会令孩子们着迷。孩子也会十分羡慕大人能毫不费力就把盖子打开。

自己的一个动作就能打开盖子发现美好事物，再做一个动作，又能让盖子打不开——对于自己的行为所带来的变化，孩子们会产生强烈的兴趣，于是就像着了魔一样，不断地重复盖子的开开合合。

1岁~

扔垃圾

适合什么时候做

有垃圾需要扔时

做法

对1岁的孩子说"帮我把这个扔到垃圾桶里去"——这样一件小事对孩子们来说，会成为一项绝佳的工作。

走到垃圾桶边上，然后把垃圾扔进去。这一连串动作的训练十分适合那些还无法进行"手眼协调合作"的孩子。

如果孩子已经3岁左右，可以让他们把塑料瓶瓶身上的标签撕掉，再扔到垃圾桶里。这也能很好地锻炼到孩子的手指。

1岁~

收拾玩具

适合什么时候做

玩好玩具之后

做法

如果你觉得自己的孩子"不愿意收拾"，那要么是因为这些东西收拾起来很困难，要么是因为大人每次都替孩子收拾。所以，我们一定要给孩子创造一个能够简单收拾的环境（比如，直接告诉他们放到哪个位置或放进什么里面就好）；而且，记得必须和孩子一起收拾。如果孩子不愿意收拾，与其厉声呵斥"还不快来收拾！"，倒不如通过让孩子感受到收拾完之后是多么舒适整洁，来让他们爱上收拾。

1岁~
选衣服穿

适合什么时候做

换衣服时

做法

　　选择，其实就是思考的过程。在这个过程中，孩子们也能更加了解自己。比如在选择今天要穿什么衣服时，孩子会经过一系列思考之后再进行选择。我们可以先从"二选一"开始，等孩子渐渐熟悉流程了，再增添更多的选项吧。此时最重要的是，我们不能对孩子的选择说三道四。即便孩子的选择和搭配有些奇怪，我们也要试着去转换视角，这样一来，这种怪异的穿搭反而会让人发现孩子这个时期特有的可爱之处。

2岁~
整理鞋子

需要事先准备

鞋＋绘画用纸

做法

　　我们可以提前拿一张绘画用纸，把孩子的鞋放在纸上，然后顺着轮廓把鞋子的形状描在纸上，画完之后，就把图贴在玄关的地板上。孩子会惊喜地发现，自己的鞋子和纸上画的形状能完美契合，从而觉得把鞋子摆放到固定位置这件事非常有趣。

　　孩子们都非常喜欢这种"完美契合"的状态。所以，我们可以利用孩子的这一特点，在家中各处都采取这样的方法，让他们养成整理的习惯。

2岁~

晾、收衣服

需要事先准备

衣架、晾衣夹（多夹子）、单个晾衣夹等 + 洗好的衣物

做法

　　孩子一开始晾衣服的时候，可以先从把衣服挂到衣架上这一步开始，等到手变得更加灵活，就可以尝试使用晾衣夹了。因为把衣服从衣架上取下来要比挂上去容易，所以可以先从收衣服开始。用晾衣夹来夹衣服，也可以锻炼孩子用剪刀的能力。

2岁~

擦窗户

需要事先准备

喷雾器 + 擦窗刷 + 抹布等

做法

　　先用喷雾器把水喷到窗户上，然后用擦窗刷将污垢清除干净，也可以用小块的抹布或者除尘手套来擦。

　　沿着水平面左右擦拭——这个动作能帮助孩子练习如何在肩膀、手肘、手腕关节都固定的状态下移动手腕。有些孩子在用透明胶带的时候可能一下子扯出一大截来，这样的孩子也适合做擦窗户的工作。

通过日常生活中的工作，学会自己的事自己做

2岁~
给植物浇水

需要事先准备
盆栽植物＋喷壶、小水壶等

做法
　　给孩子们准备一个他们能拿得动的水壶，往里面接上水，然后让孩子拿去浇一浇植物吧。孩子们会很喜欢这份工作，在这个过程中，他们会萌生出对周围大自然的好奇心和探究欲望，会注意到植物今天是不是无精打采，或者哪片叶子的颜色和其他叶子不一样。此时，他们的观察之旅也就正式启航了。如果家里养了像龟背竹这样的大叶观赏植物，那么也可以给孩子准备一个小喷雾器和一小块抹布，让他们来擦一擦叶子表面。这样一来，孩子既可以观察叶脉，如果有落叶，也可以拿一张画纸铺在上面，用铅笔拓印出叶子的脉络。

重点

让孩子浇水前，家长要注意控制水壶里的水量。水量的标准就是即使孩子把水全部浇完，也不会影响植物生长。这样在孩子浇水的时候，大人也就不用担心他们会不会浇多了。

重点

孩子在擦叶子的时候，会把注意力集中在植物上，为了不打扰他们，家长此时尽量不要搭话。

通过日常生活中的工作，学会自己的事自己做

2岁~
叠手帕

> **重点**
> 如果孩子会叠手帕了，就让他们试着叠毛巾；如果也会叠毛巾了，就让他们挑战叠衣服吧。随着需要叠的东西形状越来越复杂，孩子也会越发努力思考该怎么叠。

适合什么时候做

衣服晾干后需要叠时

做法

在开始前，我们可以先给孩子做个示范。把手帕展开，然后用两手抓住靠近自己的手帕的两角，慢慢拿起来，然后和另外两角对齐，再重复对折一下，就完成啦！

给孩子做完示范后，就让他们自由地叠吧。孩子们在叠手帕的过程中也在学习把握形状、判断方向和间隔，这对他们形成空间意识有很大的帮助。

2岁~

找相同

适合什么时候做

叠衣服时

做法

在叠衣服时,让孩子把衣服堆里成双的袜子都找出来吧。这个时期的孩子最喜欢"统一感",而且,能找出相同的事物,也意味着儿童智力发展进入了萌芽阶段。

在日常生活中,我们也可以拿起一件物品,然后让孩子"把和这个一样的东西拿过来"。或者可以指着两件物品,然后对孩子说:"这两个长得一模一样呀。"这样一来,孩子就会慢慢注意到物品之间颜色、形状或性质的区别。

2岁~

用时自己拿,用完自己放

需要事先准备

2个S形钩子+麻绳

做法

孩子经常使用的物品,最好能放到他们触手可及的高度,让孩子不需要帮助就能顺利拿到。但是,如果家里没有合适高度的柜子或置物架,该怎么办呢?此时,我们可以在毛巾架或其他架子的杆上先挂一个S形钩子,在钩子上绑一段麻绳,将绳子调节到孩子能够拿到的高度,然后在麻绳的另一端再挂一个S形钩子。这样的话,像杯子、毛巾这些东西,孩子需要用的时候就可以自己去拿,用完了也能再自己挂回去。

2岁~

系、解纽扣

需要事先准备

有扣子的衣服

做法

　　练习系扣子之前,我们可以先把拿来练习的衣服套在椅背上,或者往里面塞些东西撑住。在解扣子的时候,先用指尖拿住扣子,然后用另一只手的指尖把扣眼撑开,让扣子慢慢地穿过扣眼;在系扣子的时候,就先用指尖把扣子拿起来,再用另一只手的指尖把扣眼撑开,然后把扣子慢慢穿过去即可。最初给孩子做示范时,请记得用有大纽扣的衣服哦。

　　我也推荐给孩子穿那种有扣子的两件式睡衣!孩子们在学会系扣子/解扣子之前,肯定需要不断地练习,但练习的过程越辛苦,他们靠自己的力量做到对产生的成就感也会越大。所以,在孩子自己尝试的时候,家长只需在一旁静静观看。

解扣子　　　　　系扣子

重点

如果孩子一遇到困难,家长就立马插嘴或插手帮忙,他们很容易就会放弃。要是孩子怎么尝试都做不到,我们可以稍微给孩子提供一些小小的帮助。

2岁~
开合拉链

重点

在合上拉链之前,要先把两边的五金装置对上才行。这个步骤需要一定的力量和技巧,所以一开始,家长可以在这一步给孩子提供帮助。示范时尽量把速度放慢。

需要事先准备

有拉链的衣服等

做法

比起自己穿着衣服来练习开合拉链,把衣服摆在面前练习会更加容易。这时就可以和学系纽扣时那样,将衣服套在椅背上练习或放在地板、桌子上。在开始之前,需要把两边的五金装置对上才行,而这一步需要一定的力量和技巧。所以,我们可以给孩子多示范几遍,根据具体情况适时给孩子提供帮助。另外,用有拉链的书包或钱包来练习也是一个不错的选择。

2岁~
系、解带扣

需要事先准备

有带扣的物品，如宝宝背带等

做法

　　孩子们之所以喜欢带扣，或许是因为抱孩子时用的宝宝背带和婴儿车上都有这种扣。

　　这种带扣在系上时会清脆地发出"咔嗒"一声，让人听了心情愉悦。虽然系起来很简单，但是解的时候需要2个手指同时发力。所以，孩子需要一定的时间才能掌握技巧。不过，一项工作需要集中注意力的时间越长，孩子收获的成就感也就越大。

2岁~
自己拿包

适合什么时候做

出门时

做法

　　孩子学会管理和收拾自己的物品之前，先要培养起"这是我的东西"的意识。有些家长等孩子上了小学，才会发现孩子管理不好自己的物品，老是丢三落四。这时，即使家长再怎么训斥，他们也无法在一瞬间学会。所以，我们可以从现在做起，让孩子出门的时候拿着自己的包，回家之后再把物品挂到钩子上整理好（事先准备匹配孩子身高的钩子），这样一来，孩子也就能学会管理自己的物品了。

2岁~
拧

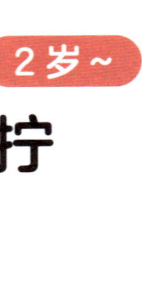

重点

孩子很难像大人那样把抹布的水分全部拧掉。如果他们拧完了还是湿漉漉的，家长就可以看情况再帮孩子一把。

需要事先准备

手帕＋盆等

做法

先把手帕弄湿，然后拧掉水分。在拧之前，可以先把湿手帕对折两次，折成原来的四分之一大小，然后用双手把手帕揉成团，使劲把水挤出来。

如果孩子能够做到上面这些步骤，那么可以再教他们怎么握着手帕两头朝不同的方向拧。

如果孩子学会了"拧"这个动作，下次再把什么东西洒出来时，他们就可以自己用抹布擦干净，擦完再洗抹布，并拧掉水分、晾好。

2岁~

把衣服挂到衣架上

需要事先准备

衣服 + 衣架

做法

先准备一个儿童用的小型衣架，然后让孩子把自己的上衣外套展开，铺在桌子或地板上，从领口处将衣架套进去。如果孩子总是把脱下来的外套到处乱扔，可能是因为大人没有教孩子脱了外套之后该怎么办。如果对孩子来说用衣架有些困难，我们也可以给孩子准备一个衣篮或钩子，总之，寻找一个适合他们的办法吧。

2岁~

洗手帕

需要事先准备

手帕 + 洗脸盆 + 肥皂 + 钩子等

做法

如果孩子正处于喜欢玩水的年龄，就让他们来洗手帕吧！给手帕打上肥皂，然后在搓衣板（有的话）上搓洗，洗完再换上干净的水将肥皂泡洗掉，最后再用力一拧，把水都拧掉。至于如何拧（是用双手把手帕团成团挤，还是握住两头朝不同方向拧）和如何晾（是挂起来晾，还是夹起来晾），我们可以观察孩子的熟练程度，视情况而定。

通过日常生活中的工作，学会自己的事自己做

3岁~
削铅笔

需要事先准备
普通铅笔、彩铅＋卷笔刀

做法
　　让孩子们用手动型迷你卷笔刀，削一削他们平时用的彩铅吧。一只手将铅笔插入卷笔刀的小口里，另一只手转动把手，边转动边将铅笔微微用力向内推。孩子们需要经过一定程度的练习，才能够理解转动的方法。不过，因为每转动一下都会削出一些铅笔碎屑来，所以孩子们会感到这个过程很有趣，一定会喜欢上这份工作。

3岁~
用扫帚扫地

需要事先准备
扫帚＋簸箕

做法
　　如果孩子总是喜欢把东西撒到地上，每次都让你十分恼火，不妨试一试教孩子如何打扫，让他们自己来收拾。这样的话，下次孩子再把什么东西撒地上，因为他们自己也能打扫，所以会大大减轻家长的压力。当我们看到孩子把东西撒出来之后自己默默打扫的样子时，甚至可能会涌出一股感动之情。为了方便孩子打扫，尽量将扫帚、簸箕这些工具都放在孩子能拿到的地方吧。

3岁~
出门前的准备

适合什么时候做

出门前

做法

  这项工作是让孩子在出门前自己将手帕、纸巾等物品放到包里。我们可以把手帕和纸巾这类日用品都放在固定位置（孩子伸手就能够到的抽屉等），这样孩子在需要的时候就可以自己取，然后放到包里。而且，这项工作并不需要区分什么年龄的孩子才能做，不必等到孩子上幼儿园或上小学的时候，才突然让他们自己来，只要我们从现在开始，在日常生活中将这个习惯一点一滴地渗透给孩子就可以。这样不管对大人，还是对孩子来说，都会轻松许多。

3岁~
穿、脱衣服

适合什么时候做

换衣服时

做法

  在开始之前，大人可以先用慢速给孩子示范穿、脱衣服的方法。即使孩子还没到3岁，只要他们对穿衣服这件事产生了"想自己来！"的欲望，那便是到了教孩子的绝佳时机。
  此时的重点是，最初尽量要选择较薄且宽松的衣服进行练习。我们在一旁观察孩子的做法时可以根据情况判断，如果觉得孩子遇到的困难有必要帮着解决一下，就可以稍稍伸出援手。

3岁~
叠衣服

需要事先准备

孩子的衣服

做法

　　第一次教孩子叠衣服的话，可以选择从比较易叠的裤子开始。要叠裤子，只要先将裤腿左右对折，再将其上下对折就完成了。

　　接下来，我们可以让孩子试试叠T恤。同样，也是先左右对折，再上下对折一次（或者两次）即可。这个过程中最重要的是，我们在给孩子示范时，一定要有耐心，必须放慢速度细致地给孩子示范，让他们看清是把衣服的哪个部分拿起来且如何对折。小码衣服会更容易叠，所以刚开始的时候可以让孩子叠他自己的衣服。

3岁~
剪花茎

需要事先准备

鲜花 + 脸盆 + 剪刀

做法

　　先把泡在水中的花茎的黏液洗掉，然后将花茎修剪整齐。我们可以一边给孩子展示花茎，一边告诉他们"花就是用这个喝水的哦"，也可以和孩子一起用放大镜观察花茎切面。如果每天给花剪茎，花的存活时间会更久。所以，这项工作很适合那些每天都精力旺盛、跃跃欲试的孩子。即使家里种的只是一些在公园也能看到的普通花朵，孩子们也同样会兴致勃勃地照顾它们。

3岁~

做针线活

需要事先准备

画纸＋线＋针＋图钉

做法

蒙台梭利教育法中所说的"针线活",是从缝纸开始的。硬挺的画纸比柔软的布料更容易缝。我们可以先用图钉提前在纸上扎几个洞,然后让孩子把针线穿过小洞就可以了。

还可以在纸上画个心形或星星图案并开好孔,然后让孩子沿着图案的形状缝。如果他们熟练起来了,也可以让孩子自己完成开孔的步骤。孩子用针还不太熟练的时候,家长们一定要在孩子身边看着哦。

3岁~

洗鞋子

需要事先准备

鞋＋鞋刷＋肥皂＋水桶

做法

让孩子自己洗一洗自己的脏鞋吧。我们可以先在桶里接好水,然后让孩子用刷鞋的刷子和肥皂来刷洗。即使他们无法把鞋子洗得一干二净,但通过这个过程,他们也能体验到自己清洗、自己管理物品究竟是怎么一回事,这样的经历对孩子来说也非常重要。

即使是对大人来说比较麻烦的工作,孩子也会干得很起劲哦!

3岁~
打扫浴缸

需要事先准备
清洁海绵

做法
　　孩子们会非常喜欢用海绵来清洗浴缸。所以，如果家长平常都很忙，就在休息日抽出些时间，来跟孩子一起清洗浴缸吧。

　　那些待在家不出门或者下雨的日子，我们可以和孩子一起尽情地清洗，将浴缸擦得闪闪发亮。一天的最后，泡在自己洗干净的浴缸里，身心都能够得到满足和治愈。

3岁~
包饭盒

需要事先准备
包布 + 饭盒

做法
　　其实，对于"包"这个动作，孩子在生活中都没有什么练习机会。通过用包布来包饭盒，孩子不仅能学到"包"这个动作，还能学会如何"扎"。送人礼物前一般都会精美地包装一下，在日本人的文化中，送礼时的"包"和"扎"很重要。如果孩子在这个时期能学会包饭盒，那么等到5、6岁的时候，他们就可以学习用更大的包袱布来包东西了。

通过运动类工作,培养适合学习的身体

幼儿时期学会的动作会终身受用。即使大脑里的印象模糊了,孩子的肢体仍然会保留着记忆,长大成人之后,他们也不会忘记小时候学到的动作。
能否随心所欲地控制自己的身体,关系到孩子的心灵成长,与集中注意力的能力也息息相关。
除了在家能够完成的运动,我们还可以带孩子到广场上或有游乐设施的公园里,让他们尽情地活动身体。

1岁~
玩接毛巾球游戏

先把毛巾从中间打个结，然后把两头塞到打好的结里，做成一个球。

我们也可以准备一个篮子，让孩子把毛巾球扔进来；也可以和孩子玩接球游戏。总之，选一个孩子喜欢的方式进行吧。

需要事先准备

毛巾 + 篮子

做法

先将毛巾团起来做成一个球，然后和孩子玩接球游戏吧。刚开始的时候，我们可以把接球的位置控制在孩子伸手就能够到的地方。

如果孩子不擅长"接球"，那就先从"扔球"开始吧。大人可以拿着篮子，让孩子们往篮子里投。

一开始，孩子可能把握不好距离也控制不好力量。不过，随着反复练习，他们就会学会自己调节了。这种运动有助于培养孩子距离感、方向感等空间认知能力。

1岁~

撕报纸 （0岁也适用）

需要事先准备

报纸

做法

　　这项运动的内容是让孩子用手把报纸撕成两半，或用指尖的力量将报纸撕成小碎片。这两种做法所使用的身体部位和发力点并不相同，因此我推荐让孩子把两种方式都尝试一下。纸张撕碎时发出的声音会刺激孩子的听觉，这对于他们来说很有趣。而且，我们也可以把撕碎后的报纸屑捧起来，像"天女散花"那样从上往下撒，或者团成团用透明胶带缠成一个球来玩。这样既可以让孩子愉快地玩耍，也会帮助他们进一步成长。

1岁~

钻隧道 （0岁也适用）

需要事先准备

无

做法

　　这项运动需要大人趴下，用四肢支撑着身体，然后让孩子从大人身下钻过。孩子顺利钻过之后，我们可以将自己的身体抬高一些，让孩子挑战一下能不能爬到大人的背上来。

　　在这个过程中，孩子会体验到趴下、钻过、抓住、攀登等许多动作，能进行充分的运动。

通过运动类工作，培养适合学习的身体

1岁~
纸气球

需要事先准备

纸气球

做法

　　这项运动是让孩子把纸做的气球用手拍向空中。因为是纸气球，所以孩子即使被砸到也不会受伤，十分安全，大人也可以放心让孩子玩个尽兴。手拍到气球时会发出"啪"的一声，这会给孩子带来触觉、听觉的双重体验。而且，向上拍打的动作还能够帮助孩子锻炼如何配合自己的视线调整身体和控制力量。

　　在拍球的时候，他们的手臂会悬在空中。因此，这时孩子也会学着控制手部、胳膊的力量。

1岁~
挠痒痒 （0岁也适用）

需要事先准备

无

做法

　　给孩子挠痒痒的时候，控制在孩子既不讨厌也不难受的程度就可以。这样对孩子和大人都能产生最佳效果。即使没有什么有趣的事，挠一下痒痒也可以让大家笑作一团。如果一天能挠一次痒痒，一起笑一笑，那么亲子之间的关系也会变得更亲密。

　　另外，笑一笑不仅能够放松身心，还能增加大脑的突触作用（大脑神经元或效应器之间的细胞接触），使得孩子的大脑变得更加活跃。"笑"，可以说是一项简单但效果绝佳的"运动"。

2岁~

弯下腰，从两腿间往后瞧

需要事先准备

无

做法

　　这个动作是让孩子叉开腿站着，然后弯下腰用两手撑地，视线穿过双腿之间往身后看。

　　孩子们在做这项运动的时候，会看到一个不一样的世界，会觉得很有趣从而不断重复。因为这项运动需要孩子用双手和双腿撑住自己的身体，所以还能够锻炼身体平衡感和核心力量。大人们也可以试试这项运动，说不定也会感到非常有意思。

2岁~

单脚站立

需要事先准备

无

做法

　　我们可以先与孩子面对面站着，抓住孩子的双手，然后让孩子试着用一只脚站立。随着孩子足部的力量越来越强，他们就能成功完成单脚站立这个动作。

　　因为孩子很喜欢那种摇摇晃晃的感觉，所以可能会故意晃来晃去，此时家长一定要牢牢抓着孩子的手。让我们跟孩子一起摸索一种恰到好处的发力方式吧。渐渐地，孩子就会越站越稳哦。

2 岁~
爬被子山

需要事先准备
被子

做法

　　下雨天不能出门玩的时候，我们可以把被子团成团或用被子做出一个斜面，让孩子在上面玩。既可以让他们沿着斜面一步一步往上爬，也可以让他们趴在被子团成的球上摇来摇去……

　　这项运动非常有趣且有很大的益处。

　　如果到了梅雨季节，孩子很长一段时间都没法儿出门玩，他们的内心会积累很多压力，从而变得容易发脾气。因此，如果家长提前准备一些让孩子在室内也能够尽情活动身体的玩耍方法，那么将会产生很好的效果。

　　爬被子山也很适合那些总是喜欢往桌子上爬的孩子。

注意！

孩子如果玩得开心了,就会越来越起劲,动作也会变得更加剧烈。此时,家长需要在一旁看着被子是否会倾斜,并注意周围是否会出现危险要素。

2岁~
用抹布擦地

需要事先准备
擦地布

做法

擦地这项工作是我非常推荐在家进行的全身运动之一。在这个过程中，孩子会保持着一种不太寻常的姿势，身体和大脑配合着前进，这其实挺有难度的。因为前进时孩子需要用眼睛把握方向和距离，所以这项运动也会提升孩子的空间认知能力。另外，弯着腰手撑着地面前进的过程中，他们也需要保持身体平衡，所以这也能锻炼孩子的平衡感和核心力量。

我们在检验孩子的工作成果时，也不必要求他们把每个角落都擦干净。只要孩子觉得像玩游戏一样，擦得非常开心，那么下次他们也会愿意继续做。在给孩子安排工作时，家长的"招数"也非常重要哦。

厨房　日常　**运动**　数字和语言

重点

如果抹布因为太湿了而过于紧贴地板，孩子就很难顺利地前进。如果孩子经常摔倒，试着给他们换一块干抹布来擦吧。

2岁~
模仿不倒翁

重点
如果条件允许，尽量让孩子在被子上等柔软安全的地方进行这项运动吧。

需要事先准备
无

做法
用双手抱住膝盖，然后向后仰，像不倒翁一样前后摇动身体。摇着摇着就可以利用惯性起身。

这个动作可以锻炼孩子的平衡感和腹部肌肉。

而且，很多孩子在反复练习不倒翁的动作后，学会了前滚翻和后滚翻。

2岁~

毛巾平衡木

需要事先准备

浴巾

做法

把浴巾叠得细细长长，然后放在地板上，用这个来替代平衡木吧。

注意让孩子尽量不要踩到地面，而是直直地在浴巾条上走。对于平时喜欢自由自在地活动身体的孩子，做像这样比较拘束的运动，就需要付出一定的忍耐力了。这种忍耐力的培养，也会让孩子学会如何控制自己。

另外，这项运动还能让孩子集中注意力，并培养他们的空间认知能力。

3岁~

抓尾巴

需要事先准备

毛巾或手帕等

做法

将毛巾或者手帕夹在裤子或者裙子腰带后面，像小尾巴一样垂下来，然后规定一个人当"鬼"去抓另一个人的"尾巴"。在这个活动中，孩子会仔细地观察对方的动作，一边预测对方的动作一边采取行动。如果孩子是被抓的那个人，那么他们还会思考如何在移动的同时不让自己的背部暴露在对方面前……总之，孩子在这个过程中会不停地动脑筋并活动身体。

3岁~
推手游戏

注意！

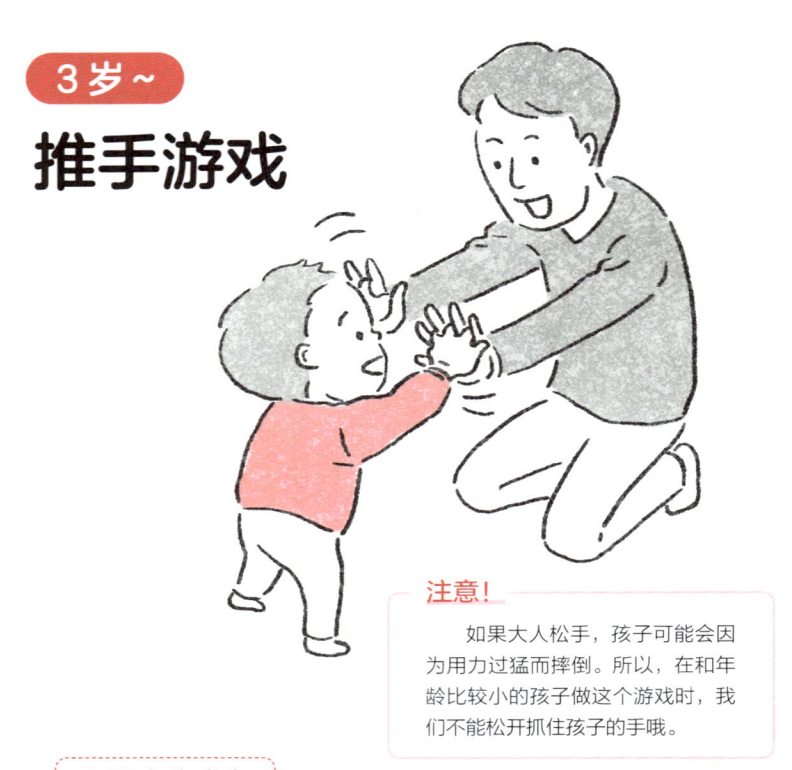

如果大人松手，孩子可能会因为用力过猛而摔倒。所以，在和年龄比较小的孩子做这个游戏时，我们不能松开抓住孩子的手哦。

需要事先准备

无

做法

和孩子面对面、手对手，互相用双手的力量推对方。

此时，孩子的胳膊、肩膀、腿等全身的关节和肌肉都会发力，身体感官也会受到刺激。

而且，孩子在被推的时候，为了不倒下去而用力站定，这时核心力量也会得到加强。

这个游戏中，孩子与大人之间互相推拉的过程非常适合孩子学习控制力量。刚开始的时候，我们在推拉时一定要抓住孩子的手，以防他们摔倒。在孩子能够熟练控制身体和力量前，我们要把安全放在第一位。

3岁~

塑料瓶保龄球

> **需要事先准备**

2～3个空塑料瓶＋球

> **做法**

我们可以准备2～3个空塑料瓶，在里面装少量水当球瓶，让孩子来打"保龄球"吧。这个游戏会锻炼孩子捏球的手部力量和扔直线的能力。

我们也可以在瓶子里装上五颜六色的水，或者用油性笔在瓶身上画画，还可以贴些小贴纸或将线缠绕在瓶身上，这样一起装饰瓶子的过程会非常有趣，可以说是一项一举两得的工作了。

3岁~

手推车

> **需要事先准备**

无

> **做法**

先让孩子用手臂支撑身体趴在地上，然后大人可以慢慢地把孩子的腰部向上抬，并缓缓将双手移至孩子的双脚处，抬起孩子的脚踝。此时，如果孩子的腰往下塌，我们可以将双手移动到孩子的膝盖处。刚开始的时候，我们只需要让孩子的身体微微悬空即可，然后观察孩子的状态，如果他们看起来没有问题，那就可以引导孩子用双手一点点向前移动。用手臂支撑身体的过程也可以锻炼孩子的手臂力量。

3岁~
一二三木头人

需要事先准备
无

做法
　　这个游戏的规则非常简单，即使是小孩子也能够理解：作为目标，要被抓的人从背后快速靠近扮"鬼"的人，在"鬼"回头的瞬间一动也不能动。在这个游戏过程中，孩子会快速地跑，然后突然停下，还会一边预测鬼的反应，一边决定自己的行动路线和身体姿势，这样一来，他们的行动也会变得更灵敏。

　　另外，根据外界的指示决定现在是该动起来还是停下来，也会提高自我控制能力。

3岁~
过河石

需要事先准备
抱枕或者坐垫

做法
　　每隔一段距离就摆一个抱枕或者坐垫，像这样摆出一条路来，让孩子用双脚或单脚跳跃着向前移动，并注意不要踩到地。

　　在这个过程中，孩子们即使失去了平衡，也会尝试着用力恢复身体原来的姿势，这样能够锻炼他们的平衡感和双脚抓地的力量。此时，家长需要注意避免孩子跳过去时因为坐垫或者抱枕太滑而摔倒受伤。

通过数字和语言类工作,进一步学习

通过让孩子做他们喜欢的工作,
孩子会喜欢上数字,语言也会变得更加丰富。
避免强行给孩子灌输知识,
用兴趣来刺激他们的学习欲望吧。

对数字或语言敏感的信号

下面所提到的状态都表明孩子正处于对数字和语言的敏感期。

如果能在孩子感兴趣的时候,给他们安排这类工作,那么他们的求知欲和好奇心会越来越强烈。

对数字敏感的信号

- 唱数字
- 把玩具整整齐齐排成一列
- 喜欢反复数好几遍
- 看到车牌或者标识上的数字会问父母
- 非常执着于零食的数量
- 开始学会发现规律
- 等等

对语言敏感的信号

- 不停地说话
- 总是想把自己记住的字说出来
- 看到招牌或海报上的字会感到好奇并询问父母
- 想用笔来写
- 想学写字
- 等等

关于数字的工作
感受重量并表达出来

重点

让孩子比一比两个物体哪一个更重或体积更大，然后用语言表达出来。

需要事先准备

体积、重量不同的两个物品（橘子、苹果之类）

做法

如果看到有大小、重量或数量不同的两种物品，就对孩子说"这个有好多啊""这个真小啊"，也就是用语言来提示孩子注意到量（重量、数量等）方面的不同。如果能让孩子拿起来判断一下哪个更重就更好了！之所以要让孩子先体会到"量"的不同，是因为"数字"正是"量"的抽象表现方式。理解了"量"的概念后，孩子们在学习数字时理解起来也会更容易。

通过数字和语言类工作，进一步学习

> 关于数字的工作

模拟开店

> 需要事先准备

玩具、食物等

> 做法

　　孩子们都很喜欢模拟开店的游戏。此时，我们可以对孩子说"你好，我要买3个橘子"，让他们沉浸式体验开店的感觉吧。大人说要多少，孩子就拿来多少——这个过程会促进孩子慢慢地把自己脑海中具体的数量和抽象的数词（表示数量的词）对应起来。

　　另外，通过问孩子"这个要多少钱啊？"，也可以进一步激发他们对数字的兴趣。

> 关于数字的工作

数台阶

> 适合什么时候做

上下台阶的时候

> 做法

　　这项工作很简单，只需在上下台阶的时候，和孩子一起从1开始数数就可以了。

　　对于孩子们来说，数数是一件非常快乐的事。

　　试着和孩子一起"1——2——3——"这样发出声音数台阶吧。如果孩子能够体验到一边数数一边前进，那么他们也就会玩"双六游戏"（日本的一种棋类游戏，通过扔骰子走棋格前进）了。我也十分推荐孩子在对数字敏感的时期玩双六游戏。

关于语言的工作
描字

重点

可以反复描同一个字。

需要事先准备

塑料文件夹 + 适合文件夹大小的纸，在纸上写上字

做法

先在一张纸上写一个大大的字，然后把纸夹到透明文件夹中，让孩子在文件夹表面描这个字吧。既可以让孩子用手指描，也可以用写白板用的马克笔，这样写完用干布就能擦掉，也能重复利用文件夹了。

关于语言的工作
在沙子上写字

需要事先准备

比较浅的箱子或容器 + 沙子或白砂糖

做法

　　在孩子拿笔写字之前,建议他们先用手指试试看。用手指写字比用笔写更简单,这既会刺激孩子的感官,也会让他们玩得很高兴。

　　在比较浅的箱子或者容器里放上沙子、砂糖之类的颗粒物,然后让孩子用手指来写写字吧。带孩子去公园玩的时候,也可以让他们在地面或者沙地上写哦。

关于语言的工作
取名字

适合什么时候做

散步时

做法

　　和孩子出门散步的时候,如果看到了什么东西,就一起想想给它取什么名字吧。

　　比起不断地问孩子"那个是什么?""这个叫什么?",我们可以更注重享受与孩子交谈的乐趣。在和孩子对话的过程中,看看近处,再看看远处,我们一定会发现很多东西。在给某一事物取名字的过程中,孩子也会意识到每个事物其实都是有名字的,即意识到名词的存在。

第3章 "工作的魔力"，现在立刻就能够施展！

> 遇到这种情况该怎么办？

关于工作的提问和回答

提问 我们家孩子还有一个弟弟/妹妹，所以没法儿完成工作……

选择一个孩子和弟弟/妹妹都能做的工作如何呢？这时候并不需要让他们"一起来"，而是给每个人都准备一份材料，这样孩子之间就不会发生争吵了。另外，我们也可以根据孩子的年龄，在工具上进行区分，比如可以让大的用打发器或棉棒来搅拌，让小的用手来；或者可以区分工作的地点，比如让大的在餐桌上完成，让小的在较低的台子上做……我比较建议在工作的时候把孩子们分开。

提问 孩子依赖大人不愿意自己做，这时该怎么办？

如果一直以来都是家长替孩子做，那么突然让他们一个人做，他们是很难独立完成的。所以，刚开始的时候我们可以陪着孩子一起做；慢慢地，当孩子在做的时候，大人可以在一旁静静地看着。久而久之，孩子就能独立完成了。这个过程是阶

5岁前的工作

段性的，从"一起"到"一人做一半"再到"按顺序轮流来"，先和孩子一起做，再一步步地引导孩子自己来吧。

> **提问** 孩子似乎更喜欢玩游戏或看视频，对工作没有兴趣，怎么办呢？

这也许是因为孩子之前都没有尝试过工作，所以才更喜欢做自己习惯做的事。

由于五感的使用和运动对于幼儿时期的成长发育十分重要，因此我们可以邀请孩子做一些"他们会喜欢的"或者"很快就能结束的"工作。刚开始的时候可以降低难度，选择容易完成的工作，例如擦窗户或用抹布擦地等活动身体的工作都很合适。

> **提问** 孩子稍微做一会儿就放弃了，该怎么办呢？

对于自己想干的事，孩子会付出全力。请回想一下，我们给孩子推荐的工作，究竟是孩子真正想做的，还是大人想让孩子做的呢？不管是多么微不足道的事，只要孩子能够通过自己的意志和力量"从头到尾独立完成"，这样的经验就会成为支撑他们坚持下去的力量。这样的经验积累得越多，孩子的韧性就会越强。

提问 父母不在身边，孩子就不愿意做，该怎么办呢？

如果孩子要求父母陪在身边，而父母反过来教训孩子"你自己不是会做吗""你一个人来"，他们就会越来越执着于要和父母一起。所以，如果孩子有这样的要求，就在自己的能力范围内，尽量回应孩子的诉求吧。在孩子专注于自己做的事上时，家长也要避免搭话打扰孩子。总而言之，在孩子求助的时候给予一定程度的回应，在孩子不向父母寻求帮助的时候，就静静地在一旁观看。重复这样的过程之后，我们也就能学会和孩子保持一种良好的距离感了。

提问 孩子一直在干同一件事，这样下去真的可以吗？

大人总是会觉得"这件事孩子已经会做了""这个上次已经做过了"，从而更倾向于每次都给孩子推荐不同的工作。不过，对孩子来说，"重复"也非常重要。这是因为，即使孩子看似在做同一件事，但每次思考的内容和接触的方式都会发生变化，所以每次的体验其实并不完全一样。"重复"，恰恰证明了孩子的专注，是一个好兆头哦！

5岁前的工作

提问 短时间的工作也有效吗？

即使时间很短、次数不多，也没关系。因为对于孩子来说，对于这样一种工作环境，"有"和"没有"有着天翻地覆的差别，也就是我们的目的是要给孩子提供一个能进行各种感官体验和运动的环境。所以，即便只有晚上的20分钟或只有周末才有时间，但若能够尽可能地给孩子创造工作的机会，那么他们的身心都会得到满足。

提问 没时间的时候孩子却想做，因此感到非常困扰。

孩子们都是活在当下的，而大人则需要根据社会中的规则和秩序采取行动。因此，大人与孩子之间出现节奏不一致，是再正常不过的了。如果此时大人强硬地说"不行！"，那么他们就会觉得自己的诉求被无情拒绝了；但如果大人真诚地向孩子说明情况，告诉他们"我知道你想做，可是现在必须要走了哦。等回家之后再做吧"，那么孩子与大人之间的信赖关系也会发生改变。因此，如果我们没时间让孩子工作，试着耐心地向他们说明缘由吧。

提问　孩子明明做错了，却一脸满足地说"成功啦！"，这时大人该怎么提醒孩子呢？

即使有正确答案而孩子做错了，即使他们搞错了顺序，家长一般情况下只需要在一旁静静地看着即可。孩子之所以注意不到自己的错误，也许只是因为他们的大脑还没有发育到那个阶段。如果这时指出孩子的错误，那么他们只会感到自己被否定了。

提问　孩子总是还没做多久，就来问我正确做法是什么，我该回答吗？

如果孩子每次来问家长，都能立刻得到正确答案，那么他们以后只要遇到问题，就会来寻求家长的帮助，而不会自己动脑思考。所以，我们不必总是告诉孩子正确答案，而可以反问孩子"为什么会这样呢？""你觉得是为什么呢？"，以提问的方式引导孩子说出自己的意见、想法和假设。另外，我也建议家长可以对孩子说"我们一起想办法吧"，以合作的方式带领孩子探索正确答案。

提问　我示范的时候孩子不愿意看，该怎么办呢？

对于那些强烈地想要自己动手的孩子来说，"只看着"对他们来说是一件十分困难的事。这个过程需要一定的忍耐力。不过，如果能够让孩子体验到"看了示范之后就明白了！""照着示范来做就成功了！"，那么他们慢慢就能明白看示范的意义，也就能够耐心地观看了。如果孩子还是不愿意看，家长也不用强迫孩子乖乖看着，而是可以对他们说："要不要我们轮流来？"思考一下如何才能让孩子愉快地完成吧。

提问　孩子不按照示范来做怎么办？

孩子不按照示范来做也没关系。在这个过程中，重要的并不是完美再现父母示范的做法，而是让他们产生自己做的欲望并着手去做。不过，如果孩子做的事和工作原本的目的已经大相径庭，比如他们把面粉撒得到处都是了，但家长仍然容忍，孩子就会认为"不管干什么都会被原谅"，从而得寸进尺。所以，在这种时候我们要果断地制止孩子。

提问　孩子完全不集中注意力，让我感到很头疼……

我们无法预知孩子什么时候才能集中注意力，更无法控制他们的注意力。因此，我们大人能做的就是坚持不断地邀请孩子来尝试。此时最重要的是，不能让孩子感到大人在把这件事强推给自己。我们需要让孩子看到大人正在很开心地做某件事，这样他们也会产生兴趣。而且，因为孩子能集中注意力的时间极为短暂，所以也许孩子已经能够集中了，只是每次时间都太短，以至于我们没有注意到而已。但即使他们集中注意力的时间很短也没关系，只要孩子有那么一瞬间把注意力集中起来了就可以！今后，这样的时间一定会变得越来越长。

提问　孩子总是说着"太难了我做不到"，然后立刻放弃，怎么办？

请回想一下，自己是否经常对孩子说"这件事对你来说太难"呢？孩子们一开始都不会产生要"量力而行"的想法，不管是什么事都会果敢地去挑战。然而，如果周围的大人总是对孩子说"这个太难了，你还做不到"，这句话就会在潜移默化中影响孩子，使他们失去努力的欲望。所以，在孩子遇到困难时，我们需要温柔地在背后推一把，告诉他们"只要多练习就一定可以成功"，并鼓励他们"我们一起来试试吧"。

5岁前的工作

> **提问** 如果孩子的做法是错误的，在什么阶段告诉他更好呢？

如果家长一发现孩子做错了，就立刻指出"错了""不是这样"，孩子瞬间就会失去干劲。他们比我们想象得还要敏感得多。孩子之所以不知道自己犯下的错误，是因为他们的大脑还没有发育到那个阶段。只要在孩子下次尝试的时候，再给他们仔细示范一遍就可以了。

> **提问** 即使给孩子安排了工作，也看不到变化，我很担心这样下去会没有效果。

工作给孩子带来的成长是很难在短时间内观察到的，因此，我们有时确实会担心这种做法是否正确。不过，孩子朝着积极的方向前进时，一定会释放出某些信号，如果从孩子身上可以看到下面列举的信号，那就证明工作进行得非常顺利。让我们相信这些信号，和孩子一起尽情享受工作的过程吧。

·想尝试·总说还想再做一会儿·碰壁时会生气·愿意重复好几遍·（在工作过程中）会情不自禁把嘴张开·呼吸变得平静·愿意尝试各种不同做法·不怎么说话了

提问 孩子希望父母表扬自己的时候该怎么办？

表扬孩子的时候，我们可以稍微注意一下措辞。可以对孩子说"已经做了这么多了啊""中途没有放弃呢"，也就是在表扬孩子时，比起称赞结果，我们需要更注重对过程的肯定，这样也可以培养孩子的韧性。

第 4 章

"育儿要抓住现在"，愉快享受育儿过程

——感受和孩子一起成长的幸福

5岁前的工作

1. 一切都始于对孩子的信任

建立起信任关系，就能解决许多问题

在前文中，我提到了，孩子之所以会想要做某事，是出于成长发育的需要，所以要尽量满足他们的要求。但是，各位更想要知道的也许是，孩子不想做某件事的时候，该怎么让他们去做呢？

我在和许多家长交谈时都能听到类似的烦恼。他们的孩子讨厌洗澡，讨厌刷牙，不愿意为去幼儿园做准备，一到这种时候就大哭大闹地拒绝，让父母非常困扰。

在和孩子相处的过程中，最重要的是"**建立起信任关系**"。只要我们与孩子之间建立起了信任，就能解决很多问题了！这种信任关系在孩子成长的过程中就是如此重要。

确实，在和孩子相处的过程中，我们为了顺利解决某个问

题，可能会使用一些小技巧。这种"小心机"在某些情况下非常必要。不过，我认为家长在接触孩子时，最基本的是要表示出对孩子的尊重，就像对待大人一样。小孩子虽然没有大人那样丰富的知识和经验，但他们作为人类，和大人拥有平等的价值。因此，与孩子和睦共处的大前提就是，如果某件事我们不会对其他大人做，那也绝不能对孩子做。

亲子间信任关系的建立首先从大人对孩子的信任开始。
孩子之所以信任大人，是因为大人先信任了孩子。
孩子之所以认可大人，是因为大人先认可了孩子。
这个互相信任的过程，会提高孩子的自我认可度以及对自己的信任感。

和父母之间的交流，也是孩子学习交流的主要方式。如果父母总是凶巴巴地斥责孩子，要求他们"温柔点儿！"，那么孩子永远也无法学会温柔地对待他人。也就是说，只有自己被温柔地对待过，他们才能学会如何温柔对待其他人。孩子并不会按照大人的指示成长，而是从自己的体验中学习。

建立起信任关系的3个重点

在这里,我想要给大家介绍培养亲子之间信任关系的3个重点。

❶ 不断地给予孩子爱的关怀(与之相反:给予孩子有条件的爱)

孩子成功的时候,我们就表扬、疼爱他们;孩子失败了,就把他们扔到一边不管——这种在特定条件下才给予的爱,又叫作"有条件的爱"。其实,我们在无意识中会给自己的爱设置各种条件。

在这样的亲子关系中,孩子的内心会处于极度不安定的状态。他们会认为,如果自己不乖,就得不到爱了;如果自己不优秀,就不会被爱了……这样一来,孩子们就会形成看父母脸色的习惯,也会十分在意外界的评价,从而无法展现真实的自己。

所以,父母在与孩子接触的时候,需要给予他们无条件的爱。所谓"无条件的爱",就是爱自己眼前这个孩子本身,告诉他们"不管你成功还是失败,都不会改变你在我心目中的价值",这才是父母应该让孩子感受到的"信任"。孩子不乖的时候，父母也许真的很想撒手不管，但孩子的这种负面情绪同样也是他们自身的一部分，所以我们应该通过接受这些负面感情，来完完整整地接受孩子本身。这样一来，孩子的心理也会更加健全，也就能够慢慢接受自己内心所有的情感起伏。

❷ 形成一种互相回应的对话环境（与之相反：父母对孩子单方面唠叨）

所谓互相回应的对话环境，是指家长会真诚地回应孩子说出来的话。孩子出生后，我们就应该立刻与孩子进行这样的交流，这非常必要且重要。

比如，如果小宝宝发出了"嗯——"的一声，大人就以温柔的微笑回应他们。这时，小宝宝就会用亮晶晶的双眼去注视大人温柔的笑脸，被注视的大人就可以继续对孩子说话。像这样互相回应的环境才是实现交流的基础。

如果你觉得孩子总是自顾自地不听大人说话，也不愿意看大人，那么请回想一下，自己是否经常忽视孩子发出的信号或说过的话，而总是一股脑儿地对孩子唠叨呢？

"那件事做了吗？""这件事做了吗？""还没好吗？""快

点儿啊。""接下来做这个。""不能那样。"像这样单方面地不断命令孩子的过程,不能被称为交流。

- 如果孩子对自己说话,就蹲下来配合孩子的视线。
- 仔细观察孩子发出的信号,耐心地听他们说的话。
- 理解并暂时接受孩子的意愿和诉求。
- 如果无法接受,耐心对孩子说明原因。
- 孩子有要求则予以回应,没有要求则不要过度干涉。

如果我们能够像这样,创造出一个适合交流的相互回应的环境,那么孩子也会以同样的方式对待大人。

❸ 相信孩子(与之相反:失败了就贬低孩子)

孩子是什么——这一前提条件非常重要。
大家看到"孩子是什么"这句话时,最先想到的是什么呢?

孩子什么都不懂,什么都不会,骄横任性,令人头疼。
孩子有能力,只要耐心说明,孩子就能听懂,孩子能做的事有很多。

第 4 章 "育儿要抓住现在",愉快享受育儿过程

我们与孩子的相处方式和为孩子创造的环境,都会随着自己对孩子看法的改变而改变。进而,孩子掌握的技巧和能力也会发生变化。大人不让孩子去挑战,是不是觉得他们做不到呢?大人不用语言给孩子说明,是不是觉得他们肯定听不懂呢?我以前也是这么想的,但孩子们的表现无数次地颠覆了这种想法。孩子们给我带来的震惊与感动让我转变了态度,于是终于下定决心"要放弃这种偏见"。"孩子们并不是做不到,而是不知道该怎么做,仅此而已。"——这句话淋漓尽致地体现出了蒙台梭利教育法对孩子的态度,这种态度既可以帮助孩子最大限度发挥内在潜力,也能让他们更好地成长。

5岁前的工作

2."等待2分钟",这会让孩子 发生巨大变化

你想催促时,孩子也在努力

我们在育儿时之所以会感到压力,很大程度上是因为必须要配合孩子的节奏。

大人会按照时间来制订计划并步步推进,但是对于孩子来说,他们并没有"时间"概念。所以,即使大人着急地催促孩子"快点儿!",他们也并不明白究竟为什么要快一点儿。而且,对孩子来说,"加快速度"是非常困难的。

育儿类书籍里基本上都会提到"要配合孩子的节奏"。所以,在对孩子说的话中,"快点儿!"这句话可以称得上禁忌中的禁忌了。

作为育儿老师,我可以极力赞同上述观点,但是,当我回

到母亲这个角色时，说实话我其实非常不擅长等待。我总是会觉得要快点儿去买东西，要快点儿做饭，要快点儿把该做的事都做完然后把孩子哄睡着，不断地追赶着时间。

确实，此时的"快点儿！"其实并不是我对孩子说的话，而是状况所致。如果回到家之后，饭也做好了，洗澡水也烧好了，房间也整理得很干净，床也铺得柔软舒适……那我也愿意配合孩子的节奏，让孩子尽情地慢慢来——我经常会产生这种想法。而且，因为我本身也是一个闲不住的人，性子很急，所以特别不擅长配合孩子的慢节奏。

但是，即便是我这个急性子，在我的小女儿出生之后，我也越来越有耐心，甚至受到了托儿所老师们的称赞。

2个方法让我这个急性子也学会了等待

究竟是什么改变了我呢？主要有以下两点。

第一，我多次目睹了孩子只要有时间就能够自己完成。通过观察孩子，我明白了父母的催促反而剥夺了孩子们走向独立的宝贵时间。

5岁前的工作

在大人看来孩子可能就是在发呆,是在毫无意义地浪费时间,但事实并非如此。孩子们并不是在无所事事,而是正在以自己的方式思考着、犹豫着,有时还会决定重新再来,正在不断地进行挑战。

所以,比起单方面地教孩子或往他们脑内灌输知识,父母的等待能够带给孩子更大的成长空间。很惭愧,我并不是借助理论知识,而是通过自己的育儿经验,才真正明白了"等待"的重要性。

第二,我给孩子计时了。一旦孩子开始做一件事,我就会看一眼时钟。

等待一件不知何时才能结束的事结束,对于人们来说非常痛苦。但是,如果决定先等一两分钟看看,那么也许我们就有耐心等下去了。而且,此时的一两分钟其实比我们想象得要漫长多了!在这个过程中,我们也能够反省,自己平时动不动就催促孩子,是一种多么轻率的行为。

只要我们能等2分钟,就会惊讶地发现孩子已经完成了。反过来,我们也能明白,就是因为自己以前等不了这短短2分钟,孩子才不高兴闹脾气,最后浪费了更多的时间。

第4章 "育儿要抓住现在",愉快享受育儿过程

如果你和我一样不擅长等待,我建议可以先从"计时"这一步开始;如果你看到孩子犹犹豫豫不知该如何下手的样子,就容易瞬间说出"拿来!""快点儿!"之类的话,我也十分推荐你试一试以"计时"的方法消解心中的急躁。并且,我希望大家可以对孩子说一句"没关系,我等你"或"慢慢来也没事哦"。

不管我们的内心再怎么急躁,甚至都要焦急地呐喊"最多只能再给30秒啦!",但如果我们能表现得不急不躁,也能够帮助孩子稳定情绪,从而更好地去完成他们该做的事。

平常如果有很长一段时间都没法儿给孩子安排工作,至少我们应该在孩子工作的时候耐心地等待。

给瓜果削皮的10分钟,可以换算成5次2分钟或10次1分钟的等待。仅凭这短短几分钟,孩子也会发生巨大的变化。

而且,如果孩子意识到家长在等自己,也就会感受到有人在背后默默支持着自己。"等待"的力量,就是如此之大。

5岁前的工作

3. 共享幼儿时期的情感和经验，能加深亲子之间的羁绊

为什么我能够真心觉得"给孩子安排工作太好了"

工作带来的效果需要很长一段时间才能够沉淀下来，转化成孩子真正的能力。所以，我们无法通过工作立即看到孩子的成长。

看不到效果——这会给我们造成很大的心理障碍。如果可以打分评判，当出现高分时，我们就可以说服自己"这个方法没错"。而且，如果孩子有明显的成长，也能够激励我们"再加把劲儿"。但是如果看不到效果，就会给我们的内心带来极大的不安。

一旦进展得不顺利，我们就会怀疑自己做的是不是无用功。"都试过了但没有效果！"

第4章 "育儿要抓住现在",愉快享受育儿过程

"弄得脏兮兮的,还很费事,反而压力更大了!"

"不管怎么做,最后孩子总是闹脾气,我不想再试了!"

像上面这样,如果父母自己都已经无法愉快地享受"工作"了,就放弃吧。

即使有科学依据或者实验结果、经验来佐证这种工作对孩子有帮助,但对孩子来说,更重要的是父母的笑容和放松的心态。世界上有那么多教育方法,但哪一种都比不上这个。

父母的笑容对于孩子来说,就是如此重要。

我的女儿们上了小学之后,我才慢慢感受到了小时候那些"工作"带来的成效:在过去那些日子里,女儿们都找到了各自喜欢的事,并能够集中注意力去完成。

包括我自己在内,大家都从工作中收获到了很多。

我之所以现在回想起来,仍然会觉得"给孩子安排工作太好了",其实并不是因为她们"做到了什么",而是因为我和孩子们分享了一段共同的体验,有了情感上的共鸣。

在孩子2岁前,我一直都很忙。所以,对于我来说,陪孩子"工作"的过程,也是我有意识地将注意力转移到孩子身上的时间。因此,我也与自己约定好"不管时间有多短,都要把注意

力集中在孩子身上"。在陪孩子的时候，我会关上电脑，放下手机，关闭电视并清理掉脑海中其他思绪，仅仅专注于眼前和孩子一起干的这件事上。

这样的体验使我明白了，孩子其实都希望父母能够把注意力集中在自己一个人身上，哪怕只有一小会儿也好。如果孩子感受到父母愿意注视着自己，理解自己，与自己产生共鸣并耐心听自己说话，那么这些体验都会积极地促进孩子成长。

抓住"和孩子在一起的宝贵的当下"

当我和孩子一起做饭，围坐在餐桌边说着"真好吃啊"时，当我惊讶于孩子能够熟练地用菜刀时，当我感叹于孩子的针线活做得比我还精细时，当我发现孩子在大扫除中成了必不可缺的"队友"时，我都会一边注视着他们，一边思考："像这样和孩子一起做事的时间，还剩几年呢？"

"真棒啊！""成功啦！""好高兴啊！"

这样开心的日子自然数不胜数，但是——

"能不能别闹了！""究竟为什么要这样啊！"

像这样充满烦躁的时刻也确实不在少数。

第 4 章 "育儿要抓住现在",愉快享受育儿过程

不过,我之所以会感到生气,也正是因为自己"本来以为孩子会高兴",而且是"好不容易抽出时间来陪孩子",结果事与愿违,所以才会失望。这也恰恰证明,对我来说,和孩子一起"工作"的时间变得越来越珍贵和特别。

如果我们始终执着于孩子学会了什么,纠结于他们能成长多少,就会产生许多焦虑和不安。但是,如果我们把这段日子视为孩子成长过程中极为宝贵且短暂的时光,那么,不管是泪水还是笑容,都会成为亲子之间的珍贵回忆而永久珍藏在我们心中。

5岁前的工作

4. 孩子最擅长原谅！
无论何时，我们都能重新开始

不必强迫自己去爱孩子

我曾经为许多家长提供过咨询，听他们讲述烦恼。其中有些家长每天都忍不住想要打骂孩子，也有家长一点儿都不觉得自己的孩子可爱，一看到孩子就心生厌恶，还有些家长情不自禁地就会偏爱自己的某个孩子。我还见过很多父母因为控制不住自己的愤怒和焦虑而几近崩溃。

但是，家长会因此而感到烦恼，恰恰是对孩子爱的证明。因为，如果对自己打骂或无视孩子感到无所谓，也就不会烦恼了。这些父母控制不住地做着伤害孩子的事，但同时又很在乎孩子的感受。他们心里其实"并不想这样做"，也明白"不该这样做"，但就是控制不住自己，所以才会陷入苦恼。

第4章 "育儿要抓住现在"，愉快享受育儿过程

如果你发现自己无法爱孩子，并因此感到痛苦，我的答案是"不用逼自己去爱"。

如果勉强自己一定要去爱孩子，那么在做不到的时候，我们就会开始责备自己。因此，最重要的是先要让自己的心态变得更加轻松。

不管是从社会层面还是从个人层面来看，大家都会理所当然地认为，孩子出生后，父母就该自然而然地发挥好父母的作用。但是，做不了好父母，其实并不是一件大错特错的事。即使当不了好父母，你作为一个人的价值也并不会因此发生任何改变。孩子固然很重要，但也请你同样重视自己。

另外，如果你"想爱孩子但做不到"，"觉得孩子很可爱，但相处时总是很痛苦"，并因此而烦恼，请试着对孩子说一说这些话吧：

"真可爱。""真乖啊。"

即使并不是真心的也没关系。即使我们没有任何感情，只要能出声说出来就可以。

这是因为，自己说出的话会通过耳朵传递给大脑。久而久

之我们就会惊奇地发现，明明自己一开始没有任何感情，但说着说着好像真的开始觉得孩子可爱了。

而且，孩子一定会把这句话听进去，并发自内心地感到高兴。

仅凭一句话，孩子就会少些任性

像"真可爱""真乖啊"这样简单的话语，就能够减少孩子的任性行为。我见过很多孩子都是这样。这也证明了孩子们是多么爱自己的爸爸妈妈。而且，如果我们能时不时地对孩子说这些积极、正面的话语，那么曾经"剑拔弩张"的亲子关系，可能也会变得更加融洽。

可能有些家长会觉得，自己之前已经对孩子说了这么多过分的话，又总是冷淡地将孩子扔到一边不管，事到如今再来说这些话已经来不及了。请不要担心，如果爸爸妈妈们决定从今天开始改变，并为了改变而努力，孩子也一定会因此而改变。

请问，你向自己的孩子道过歉吗？

孩子们在听到父母道歉时，是不是总会说"没关系"呢？

不管我们大人因为多么小的事责备孩子，孩子到头来还是

第4章 "育儿要抓住现在"，愉快享受育儿过程

会温柔地原谅父母。

这是因为孩子们在这个世界上最爱的人就是爸爸妈妈，不管发生了多少次不愉快，他们都愿意原谅父母。孩子们最擅长的就是原谅。

而且，这样一来，我们大人也会向孩子学习，成为一个擅长原谅的人。即使经历了哭闹和争吵，但如果彼此还能够相互原谅，那么我们和孩子都会逐渐成长，就算成长的速度很慢很慢，也没关系。

5 岁前的工作

5. 今天的笑容一定会带来明天的幸福

遇到困难时，请好好观察孩子吧

目前，在育儿、幼儿教育等领域都出现了许多研究结果，我们能从理论角度知道什么是对的，什么是错的；如果遇到困难、烦恼，我们也可以立刻去搜索解决办法。但是，这种方法虽然快捷方便，但也容易把我们困在从各个渠道获取的信息中，让我们被"应该这样""必须那样"等观念束缚住，也许会使我们更加痛苦。

如果遇到了这种情况，不妨试着暂时避免接触这类信息吧。
停下吸收信息、拼命思考的脚步，用自己的所有感官去尽情"感受"吧。

眼前这个孩子在笑吗？
孩子是怎么笑的呢？用自己的眼睛看一看吧。

第4章 "育儿要抓住现在",愉快享受育儿过程

眼前这个孩子在用什么样的声音说话呢?音调是高昂还是低沉呢?

用自己的耳朵听一听吧。

眼前这个孩子散发着什么样的气味呢?紧紧抱住他们闻一闻吧。

这样一来,你一定能回忆起孩子还是个小宝宝时,什么都不会做的那份天真烂漫。

眼前这个孩子有什么兴趣爱好呢?

和孩子有说有笑地享受美食,也许就会忘记困难了。

然后,试着碰一碰眼前这个孩子吧。

我们可以把孩子轻轻抱起,也可以面对面给孩子一个大大的拥抱,摸摸头,挠挠痒,碰碰他们的小脸蛋,孩子们软乎乎的小身体会带来最佳的治愈效果。

不管何时,不安的情绪总是会向我们袭来,或许是对过去的担心,又或许是对未来的焦虑。

我们会因为过去的事而感到不安,担心"这种事今后可能还会发生";我们又会对未来感到焦虑,觉得"如果现在不这样

5 岁前的工作

遇到烦恼时，跟孩子紧紧地拥抱一会儿吧

做，将来还会产生坏结果"。在孩子的事上也是如此，我们会对孩子的未来感到焦虑不安，觉得"为了孩子的未来，现在必须要这样做"，这种情绪可能会把我们和孩子都牢牢束缚住。

在这个充满不确定性的时代，谁都不知道未来会发生什么。那种"有备无患"的观念，现在已经行不通了。

谁都会经历难过、悲伤和痛苦的感情，而每个人都是在克服了这些困难之后，才能向前迈进。在这个阶段，最重要的是

第4章 "育儿要抓住现在",愉快享受育儿过程

什么呢?

正是"保持自我、肯定自我"的能力和幸福的经历。

父母一定都希望自己的孩子将来能够过上幸福的生活。

但是,请不要忘记,孩子们都"活在当下"。所以,只要孩子现在的每一天都能够充满笑容,那么未来一定会幸福。这是因为,现在,决定了未来。

即便未来等待孩子的并不是康庄大道,而是重重困难,但他们拥有父母的信任,由此而产生了自信和笑容,这些都会成为将来帮助孩子克服困难的重要力量。